새로운
오키나와
여행

NEW OKINAWA TRIP

오키나와로 이주를 결심한 이유 중 하나는,
일과 삶의 균형을 이루고 싶다는 바람 때문이었습니다.

일과 삶이 서로 나눠진 게 아니라
하루하루 삶이 곧 일이고, 일이 다시 나다운 삶이 되는
그런 라이프스타일을
오키나와에서라면 실현할 수 있지 않을까
싶었기 때문입니다.

도쿄에서 편집자로 일하고 있던 저는
느긋한 자연을 품은 오키나와에서 그런 균형 잡힌 삶의
가능성을 느꼈습니다.
그래서 큰맘 먹고 조상의 뿌리이기도 한 오키나와로
이주했습니다.

오키나와에 살면서 든 생각은,
어쨌거나 하늘이 넓다는 것!

그리고 이 넓은 하늘 아래에서
훌륭한 것을 만들어 내고
일과 함께 삶도 소중히 여기면서
자유롭게, 생생하게 살아가는
'사람들'에 매료되었다는 것입니다.

그 사람들은 어떻게 그런 삶을 실현해낸 것인지,
그 힌트를 얻고 싶어서
카페, 빵집, 공방, 숙소 등
사람들의 일과 삶의 터전을 찾아가 보았습니다.

이 책은 카페, 빵집, 공방, 숙소 등을
소개하는 가이드북입니다.
더불어 오키나와의 특별한 공간 45곳에서
살아가는 사람들에 관한 이야기입니다.

Contents

002 시작하는 글

1 CHUBU 중부
014 ippe coppe
018 PORTRIVER MARKET
022 Indigo
026 OMAR BOOKS
028 IDEA 닌벤
030 Shoka:
034 mon chouchou
036 히즈키 hizuki
040 VONGO&ANCHOR
044 하다나 HADANA
048 이름 없는 요리점
050 빵집 스이엔
054 KARMA ORGANICS
056 PLOUGHMAN'S LUNCH BAKERY
060 Timeless Chocolate
062 mofgmona / mofgmona no zakka
066 고메야 마쓰쿠라
068 무나카타도

2 HOKUBU 북부
072 SOMOS
076 다마 목공상점
080 카페 고쿠
084 시마 도넛
086 CALiN 카페·잡화
088 kino store
090 아에다케 베이커리
094 다무라가마
096 가타치
100 tinto tinto
102 하코니와

3 NAHA 나하
106 식당 faidama
108 soi
112 마법커피 MAHOU COFFEE
116 피퍼치 키친 Piperch Kitchen
120 다소가레 커피
122 고토리 과자점
124 CONTE
128 커피 포장마차 히바리야
132 도陶·요카리요
134 아메이로 식당
136 언덕 위 교회의 앞마당시장

4 NANBU 남부
140 그릇 + 카페 보노호 BONOHO
144 Parlour de jujumo
146 우치다 제빵
147 식당 카리카
148 도빙 마키야

150 마치는 말
152 본섬 지도
     중부 지도
154 북부 지도
156 나하 지도
158 남부 지도

How To Use 이용 가이드

★ 이런 가게를 소개하고 있습니다!
- 만들어내는 결과물에 마음이 담겨 있는 곳
- 장르에 상관없이 오키나와 땅에 발을 단단히 딛고 사는 사람들이 있는 곳
- 일과 생활을 조화롭게 꾸려가고 있는 곳
- 새로움이 가득한 곳을 중심으로

★지역별로 소개하고 있습니다!
오키나와 여행은 지역별로 계획을 세우면 좋습니다.
잘 알려진 유명관광지와 알맞게 섞어가며 즐겨 보세요.

★가고 싶은 가게가 정해지면
- 가기 전에 휴일이 아닌지 확인하세요!
- 미리 전화로 확인하면 안심할 수 있습니다.
- 마지막 페이지에 지역별 지도가 있습니다.
  가게가 있는 장소+주변의 추천 관광지도 소개하고 있습니다.
  내비게이션이나 상세지도와 함께 이용하세요.

01 New Okinawa Trip
중부 | 우라소에시 | 빵

ippe coppe
이페 코페

여행 도중에 만난 식빵 전문점

정원에 깜짝 등장한 찻집 니와토리.
맑은 날은 그곳에서 커피나
수제 시럽을 뿌린 빙수를
먹을 수 있어요!

오키나와는 '이페 코페ippe coppe'의 주인장 니시무라 쓰요시 씨가 대학 시절을 보낸 곳이며, 부인 미나코 씨가 태어나고 자란 곳이다. 두 사람은 오키나와에 빵집을 열기로 결심한 뒤, 여행을 떠났다. 250cc 오토바이에 캠핑 도구를 싣고, 홋카이도를 시작으로 일본 전국의 카페와 빵집을 돌아다녔다. 오키나와에 도착한 것은 홋카이도를 출발한 지 석 달 만의 일.

처음에는 자연이 좋은 오키나와 북부에서 가게 자리를 찾기 시작했다. 생각처럼 마음에 쏙 드는 곳이 없어 조금씩 아래쪽으로 내려가다가, 마당에 커다란 아세롤라 나무가 우거져 있는 어느 외국인주택[1]을 만난다.

'조용한 곳, 커다란 나무가 있는 곳, 이건 양보할 수 없잖아.'

두 사람은 이 가게 자리를 빌리기로 한다. 그 후 다섯 달 동안, 가게 오픈 준비를 했다. 할 수 있는 일은 스스로 하고 친구의 도움도 받으면서. 근처에서 타르트가게 '오하코르테oHacorte'를 운영하는 추이초크 주식회사에서는 주방과 가게를 나누는 벽을 만들어주기도 했다. 그런데도 준비는 많이 미흡했다. 오픈일로 정한 2008년 4월 1일이 다가왔는데도 여전히 '평범한 공간에 빵과 시폰 케이크를 늘어놓았을 뿐'인 미완성 상태였다. 그런데 가게 문을 연 후, 얼마쯤 지나자 손님들이 가구 같은 것을 가져다주었다.

'이거 쓰세요.' 하면서 기꺼이.

"그렇게 조금씩 가게가 만들어졌죠. 이곳은 손님과 함께 만들어낸 공간이에요. 그래서 더욱 편안한 분위기가 된 게 아닐까요?"(미나코 씨)

이페 코페는 식빵 전문점. 재료는 홋카이도산 밀가루인 '하루유타카 블렌드', 오기미손大宜味村[2] 기조카喜如嘉[3]의 지하천연수 '나나타키의 물'[4], 구메지마 섬[5]에서 생산되는 천연소금 '백은의 소금', 호시노 천연효모[6]다. 좋은 재료를 가지고 20시간에 걸쳐 천천히 발효시킨다. 하루 동안 구울 수 있는 빵도 20개 정도에 불과하다. 바삭바삭 향긋한 껍질과 포근한 식감. 심플하게, 오로지 '식빵'으로

---

1 제2차 세계대전 후 미군 기지가 생기고 미군이 주둔하면서 오키나와에 많은 미국인들이 살게 된다. 당시 미군이나 미군 관계자들이 거주했던 외국인주택이 많이 남아 있으며, 지금은 오키나와 사람들이 살고 있다. 카페나 잡화점, 빵집 등 개성적인 가게로 사용되는 경우도 많다 2 오키나와 본섬 북부에 있는 마을, 장수 지역으로 알려진 오키나와에서도 제일가는 장수마을 3 오기미손의 집락 이름 4 오키나와에서 생산되는 미네랄워터의 이름 5 오키나와 본섬에서 서쪽으로 약 100km 떨어져 있는 섬 6 일본에서 옛날부터 전해 내려오는 양조기술을 응용해 생산되는 이스트의 일종

미나코 씨가 갓 구운 스콘을 진열 중이다. 몸집은 작지만 큰 미소를 지닌 그녀

겉은 바삭, 속은 폭신한 이페 코페의 식빵

여섯 종류의 스콘은 모두 포만감 만점

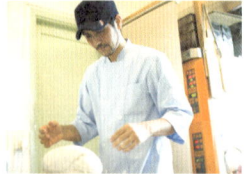  

ippe coppe

New Okinawa Trip | 중부 | 우라소에시 | 빵 **01**

서의 높은 퀄리티만을 생각한다. 어떤 날은 문을 열기도 전에 이미 예약 판매로 품절될 때도 있을 만큼 사랑받고 있다.

미나코 씨가 담당하고 있는 것은 스콘. 모든 재료를 계량하고 나서 차게 식혀 버터와 밀가루를 섞은 후 다시 식히고 모양을 만들어 구워내기까지 사흘이 걸린다. 그러면 맛이 숙성되고 가루가 잘 어우러져 풍미가 좋아진다. 미나코 씨가 만드는 스콘은 겉모양은 묵직하고 와일드하다. 미네랄이 풍부한 다네가시마 섬[1]의 사탕수수로 만들어진 센소토 설탕이 부드러운 단맛으로 맛에 깊이를 더해 준다.

그런데 왜, 그들은 하필 '식빵' 전문점을 열게 됐을까.

"실은 빵집은 지나가는 과정이에요. 최종적인 꿈은 아침밥이 맛있는 숙소를 경영하는 거예요. 최고의 아침식사를 제공하기 위해서, 우선은 맛있는 빵을 만들 수 있게 노력하는 거죠." (미나코 씨) 일본인에게 아침식사 하면 밥. 밥만큼 사랑받을 수 있는 식빵을 만들고 싶어서 선택한 길이다. 아직 갈 길은 멀지만.

맑은 날이면 이페 코페의 정원에는 또 하나의 작은 가게가 생긴다. 이름은 '찻집 니와토리'. 아세롤라 나무 밑에 만들어져 있는 테라스와 정원에 아무렇게나 놓인 스툴이 손님의 자리다. 근처의 커피 원두 가게 '오키나와 세라도 커피'에서 볶은 이페 코페의 오리지널 블렌드를 여기서 즐길 수 있다. 올 여름부터는 제철 과일을 사용한 빙수(여름 한정)도 먹을 수 있게 되는 모양이다. 이웃 사람들의 휴식 장소도 되면서, 여행 도중 잠시 쉬어 가기에도 좋은 곳. 이페 코페는 언제나 떠들썩한 목소리로 가득 차 있다.

1 규슈 가고시마현에 속하는 섬

주　　소	우라소에시 미나토가와 2-16-1 浦添市港川 2-16-1
전　　화	098-877-6189
시　　간	12:30~18:30 (품절되는 대로 종료)
정기휴일	화·수요일, 세 번째 월요일
주 차 장	있음

016 - 017

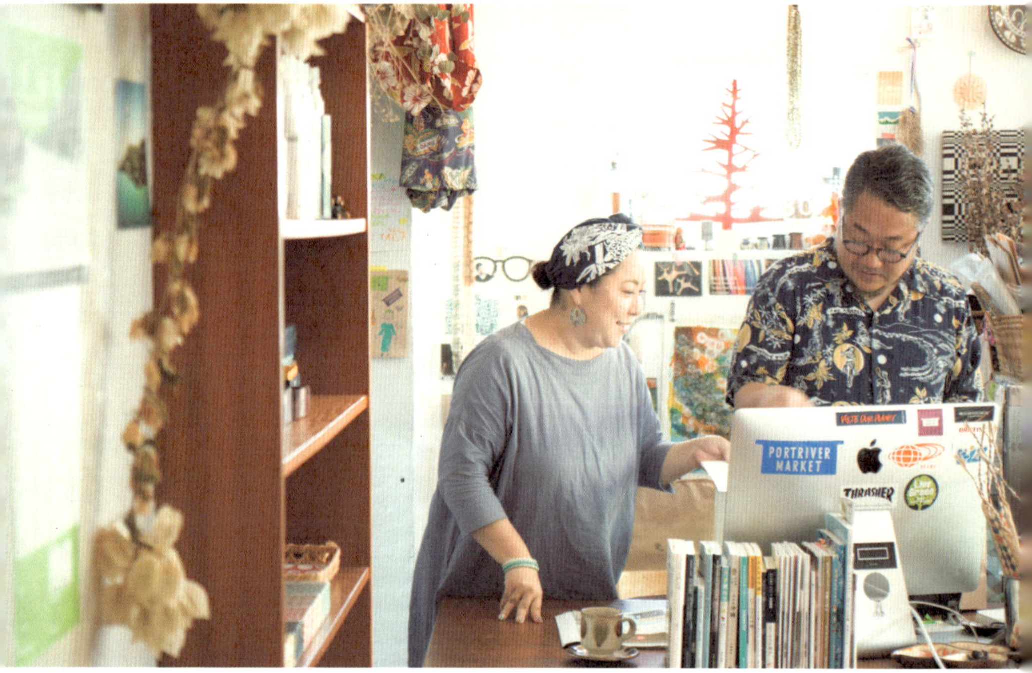

02

New Okinawa Trip

중부 | 우라소에시 | 셀렉트숍

PORTRIVER MARKET

포트리버 마켓

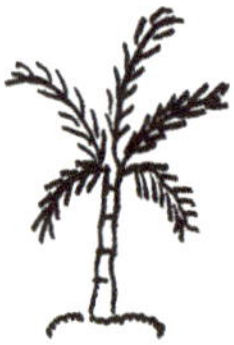

사람이 모이는 작은 시장처럼
미나토가와를
떠들썩하게 만드는 셀렉트숍

RECOMMEND

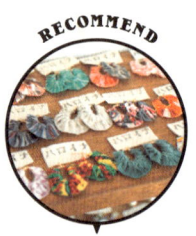

컬러풀한 '하로이나'의
피어스와 귀걸이가 인기

가게 안에는 오키나와현 내외의 아기자기한 소품들과 옷이 진열되어 있다

우라소에시에는 외국인주택이 즐비해 이국적인 정서가 물씬 묻어나는 곳이 있다. 바로 미나토가와. 포트리버PORTRIVER는 미나토가와港川를 영어로 표기한 것. 거기에 마켓MARKET을 붙인 이유는 시장처럼 여러 가지 물건을 팔고, 사람이 모일 수 있는 떠들썩한 장소로 만들고 싶다는 바람 때문이다. 포트리버 마켓의 주인장인 무기시마 데쓰야 씨는 미에현 출신이다. 아내 미키 씨, 아들 로이치로 군과 함께 셋이서 살고 있다. 2012년 5월 도쿄에서 오키나와로 이주해 와서 2013년 4월에 포트리버 마켓을 열었다. 의, 식, 주에 관련된 물건들을 파는 그야말로 시장 같은 셀렉트숍이다. 이 특별한 곳에는 여행자에게 좋은 추억이 될 만한 가장 오키나와다운 것부터 지역 주민들에게 새로운 발견이 될 만한 여러 가지 잡화나 옷까지 다양한 물건이 가득하다.

그가 오키나와로 이주를 결정한 것은 대지진 이후다. 자주 오키나와를 찾으며, 언젠가는 이곳에서 살고 싶다고 막연히 꿈꿔왔었다. 그런데 그 생각을 마침내 이루게 되었다. 처음에는 나하 시내에서 적기와집 등 오키나와다운 가게 자리를 찾아다녔다. 하지만 결국 찾지 못해, 우라소에시, 기노완시로까지 지역을 확대했다. 매일 여러 곳의 가게 자리를 보고 다녔다. 그러다가 만난 것이 이 미나토가와 거리. 눈 깜짝할 사이에 마음을 빼앗겼다. 분위기 자체가 너무 마음에 들어 다짜고짜 '이페 코페ippe coppe'에 들어가 상담을 했다. 다행히 1월 말에 맞은편 건물이 빌 예정이라는 것. 당장 부동산에 연락했더니, 이 지역은 점포에 우선적으로 임대를 하고 있었다. 인기도 높아, 신청자가 몰렸다. 그러나 운 좋게도 그에게 오케이가 떨어져 빌릴 수 있었다.

야자수 일러스트가 인상적인 실내. 인기 작가가 만든 오키나와 도자기

주　　소　우라소에시 미나토가와 2-15-8 No.30
　　　　　 浦添市港川 2-15-8 No.30
전　　화　098-911-8931
시　　간　월·수·금 11:00~18:00
　　　　　 화·목·토 12:30~18:00
정기휴일　일·공휴일
주 차 장　3대

'소통'이 만들어내는 관계

주인장 무기시마 데쓰야 씨는 오키나와 토산품이든 그렇지 않은 물건이든 자신이 좋아하는 것들 위주로 모아놓은 셀렉트숍을 만들겠다는 밑그림을 그렸다.

이주 뒤, 모든 방의 바닥을 마루로 바꿨다. 주거도 겸하고 있기 때문에 가게 안에는 신발을 벗고 들어오도록 타일을 깐 현관 공간을 만들었다. 식탁, 사이드보드는 원래 갖고 있던 덴마크의 앤티크 제품. 그 분위기에 맞춰 선반이나 테이블 등을 인터넷에서 사 모았다. 오픈하기까지 1년 가까운 시간이 걸린 것은 아들 로이치로 군이 초등학교에 들어갈 때까지 많은 시간을 가족끼리 보내고 싶었기 때문이다.

'여러 번 다녀서 우리 취향을 잘 알고 있는' 같은 동네의 '오키나와 세라도 커피'에는 핫과 아이스, 두 종류의 오리지널 블렌드 커피를 만들어 달라고 부탁했다. 로고는 같은 지역에 사무소를 두고 있는 디자이너 사지 도시카쓰 씨가 외국인주택의 형태를 모티브로 디자인했다. 마크에 보라색을 사용한 것은 의외였지만 오키나와의 푸른 바다와 히비스커스의 붉은 꽃을 더하면 보라색이 된다. 오키나와다운 색깔이라 마음에 들었다. 하나의 거리, 하나의 지역에서도 이렇게 서로 관계가 생기고, 서로 도울 수 있는 곳은 별로 없을 것이다. 가게 안에서는 빔스BEAMS 근무 시절의 친구가 만든 브랜드 '케네스 필드KENNETH FIELD'나 친구가 대리점을 하고 있는 로스

오키나와를 만나서 행복하다는 두 사람

앤젤레스의 도자기 메이커 '바우어 포터리BAUER POTTERY' 등을 판매한다. 그리고 요즘 인기 있는 상품은 오키나와의 지인이 만드는 '하로이나'의 피어스와 귀걸이, '아루문주쿠이'가 만드는 크로스 헤어 터번 등으로 서로 교류가 있고 믿을 수 있는 상품들이다.

"처음에는 가까운 친구들과 헤어지는 게 쓸쓸했지만, 오키나와는 인간관계의 폭이 엄청난 속도로 넓어지는 곳이라 금방 쓸쓸함이 채워졌어요. 게다가 모두 서로 돕는 문화가 있거든요. 오키나와는 여행으로 오는 사람도 많으니까, 친구들에게 이곳이 오히려 오키나와로 여행을 오는 이유가 된다면 기쁘겠네요."

맑고 파란 하늘 아래, 어딘가 하와이와도 비슷한 이국적 정서를 가진 미나토가와. 두 사람은 이 지역이 더욱 활기차기를 바란다. 이곳을 찾는 이들이 하루 종일 즐거운 시간을 보낼 수 있기를.

1 오키나와 본섬 북부 해상에 있는 섬

디스플레이 하나하나에서 센스를 느낄 수 있다

03
New Okinawa Trip
중부 | 요미탄손 | 가구

Indigo
인디고

오래된 목재의 온기와
사용할수록
나를 닮아가는 가구

아기자기한 앤티크 소품들이 진열되어 있다

오래된 목재를 사용한 오리지널 가구나 앤티크 소품을 다루는 가게가 요미탄손에 있다. 이름은 '인디고Indigo'. 이 가게에 첫 발을 들여놓았을 때, 잡다한 것 같으면서도 절묘한 밸런스를 갖추고 있는 상품과, 완성된 공간의 고요한 분위기에 소름이 돋았다.

주인장 히가 료 씨는 오키나와현 출신. 현 밖에서 인테리어 코디네이터로 취직했었다. 하지만, 일 하면서도 늘 자신은 크리에이터이고 싶다는 생각이 있었다. 때문에 가구 제작 회사로 직장을 옮겼다. 그러나 조금씩 기술은 습득했지만 '속도'를 제일로 요구하는 가구 제작 환경에 당혹스러움을 느껴야 했다. 그래서 만들고 싶은 가구를 만들기 위한 환경, 즉 자신의 가게를 가지고 싶다는 마음이 생겨났다. 또 고향에 돌아올 때마다 편안해지는 자신을 느끼곤 했다. 결국 그는 생활의 장소, 가게를 열 장소로 오키나와를 선택했다.

"그 후로는 가게에 대해서밖에 생각하지 않았어요. 어떻게 하면 실패하지 않을까 하고요. 답은 찾을 수 없었지만, 이만큼 했으면 설령 실패하더라도 후회하지는 않겠지요."

나하에서 거리도 멀리 떨어져 있는 요미탄이라는 마을에 가게 자리를 얻었다. 이런 데서 가구를 팔아서 먹고 살 수 있을까 하는 불안감도 있었다. 하지만 약 1년 정도에 걸쳐 직접 가게를 꾸몄다. 그런데 막상 가게를 열고 보니 자신은 아무래도 손님을 상대하는 데 서툴렀다. 그래서 대신 아내 요코 씨가 손님을 맞고, 가게 레이아웃을 담당하는 등 부족한 부분을 채워주었다. 할아버지가 사용하던 축사를 개장한 공방에서 가구 만들기에만 힘쓰던 나날들. 처음에는 어떻게 하면 가구가 팔릴 수 있을까 하는 생각만 했다. 그러나 팔 생각만 하고 만드는 가구는 좀처럼 팔리지 않는 법. 그런 부담 때문에 자신이 오히려 가구 만들기를 즐기지 못하게 되었다는 사실도 깨달았다. 가구만으로는 손님이 와 주지 않는다는 것을 알아갈 즈음, 한 중고업자를 만나게 됐다. 그리고 그를 통해 히가 료 씨가 원래부터 좋아했던 앤티크 소품 판매를 시작했다. 그 앤티크 소품에 어울리는 가구를 만들기 위해 오래된 목재가구도 제작했다. 오래된 목재로 만든 첫 작품은 거울이었다. 주위 사람들은 어째서 오래된 목재를 사용하는 거냐고 다

오래된 목재를 사용한 펜던트 라이트

자신이 행복하다고 생각하는 것을 중심으로

들 어리둥절한 표정이었다. 그러나 아내 요코 씨만은 좋다고 말해 주었다. "만들고 싶은 걸 만드는 게 좋아." 아내의 한 마디에 히가 료 씨는 다시 큰 궤도를 수정했다. 가게 수익을 위해 필요하다고 생각하며 억지로 끌어안고 있던 몇 가지 서비스나 상품을 조금씩 접고 덜어내기 시작한 것이다.

"내가 즐겁다, 행복하다고 생각하는 것을 중심으로 움직이니까, 거기서 비로소 지금 같은 가구가 만들어졌어요. 기막히게 참신하거나 개성적인 건 바라지 않아요. 새로운 느낌이지만 옛날부터 있었던 것처럼 익숙한 가구를 만들고 싶어요." 그렇게 자신의 마음에 솔직해지자 신기하게도 가구가 팔리기 시작했다. 가게가 있기 때문에 많은 사람들이 가게를 찾아온다. 그리고 인디고가 갖고 있는 가치관을 알아준다. 오픈한 지 8년, 지금은 현 안팎의 일반 가정집이나 카페 등에서 들어오는 가구 제작 주문이 판매수익의 80% 정도를

현 내의 카페에도 가구를 납품하는
인기 가게. 나하의 카페 소이[soi]의
테이블도 인디고에서 만들었다

점포가 조금 넓어져서 사진전 같은
비정기 이벤트도 개최

차지한다. 불안감이야 항상 있지만 어쨌든 할 수 있는 일을 열심히 하자는 생각이다. 히가 료 씨의 부드러운 태도 속에 강한 심지가 엿보인다.
인디고야말로 오키나와를 대표하는 가구점이자 앤티크 소품점이다. 자신의 마음에 솔직하게 만들고 셀렉트한 상품에 때로 오래된 목재가 따스함을 더한다. 그것들은 어디서나 조화롭게 어울린다. 사용할수록 맛이 깊어지고, 애착이 싹트는 인디고처럼.

주 소	요미탄손 소베 1119-3 読谷村楚辺 1119-3
전 화	098-894-3383
시 간	11:00~16:00 (토요일은 17:00까지)
정기휴일	일 · 월 · 화요일
주 차 장	4대

04 OMAR BOOKS
New Okinawa Trip
중부 | 기타나카구스쿠손 | 책

오마 북스

'디딤돌 같은 책'을
만날 수 있는 셀렉트북숍

인테리어 소품으로
놓아두고 싶을 만큼 표지가 예쁜
외국 소설책, 그림책도 가득

가와바타 아케미 씨의 머릿속에는 '책나무'가 있다. 어떤 책을 한 권 꺼내면 잎과 가지가 이어지듯 관련된 책이 몇 권씩이나 곁가지로 떠오른다. 해외의 소설이나 그림책에서부터 일본 각지의 리틀프레스[1], 작은 출판사의 책까지, 장르를 가리지 않고 그때그때 가와바타 씨가 '흥미'를 가진 책들이 책장을 채운다.

원래 책을 좋아해서, 여행을 떠나면 개성적인 책방이나 도서관을 돌아보곤 했다는 가와바타 씨. 20대 초반에는 독립영화 제작에 참여하는 등 '영화에도 푹 빠져' 있었다. 바쁘게 살다 보니 건강도 해치고 말았다. 그러던 때에 마침 자격을 갖고 있던 사서 일이 들어왔고, 영화 일은 할 만큼 했다는 생각 때문에 미련 없이 사서가 되는 길을 선택했다. 그리고 사서로 7년간 일했다. 그러나 책은 좋아했어도, 내 가게를 갖겠다는 생각은 해 보지도 않았다. 그런데 어째서 마음이 바뀐 것일까. "문득 할 수 있을지도 모르겠다는 생각이 들었어요. 하고 싶은 일과 현실의 일 사이에서 갭을 느끼기도 했고요. 기왕이면 좋아하는 일을 하고 싶다는 생각이었어요."

결국 사서 일을 그만두기로 하고 가게 자리를 찾기 시작했다. 중고상 면허도 따고, 거래처를 찾고, 인테리어로는 마루를 깔고 벽을 칠하고 테이블도 만들었다. 지인이나 손님들이 책상과 책장을 가져다줄 때도 있었다. 그리고 2010년 10월, 신간도 중고서적도 모두 취급하는 셀렉트북숍의 문을 열었다. 일반적인 서점은 책을 판매할 뿐, 작가와 독자 혹은 서점 직원과 독자 사이의 교류가 적다. 그런 점에 착안해, 여러 가지 이벤트를 적극적으로 개최하고, 작가와 만나거나 지역 주민들의 지적 호기심을 채울 수 있는 공간을 만들고 싶다는 생각이다.

"서점이라는 구분을 제 안에서 없애버린 거예요."
언젠가 크리스마스 시즌에는 '겐지의 숲'이라는 제목으로 낭독 라이브를 개최하고 전나무를 전시해, 가게 안이 숲처럼 느껴지게 연출했다.
가와바타 씨가 이곳에 준비해 놓은 책은 하나하나가 '디딤돌'이다. 이 디딤돌은 세상 밖으로 나가는 징검다리, 사람과 사람이 함께 시작하는 이야기다.

[1] 출판사나 서점과 상관없이 좋아하는 책을 만드는 것

주 소	기타나카구스쿠손 시마부쿠 309 1F 北中城村字島袋 309 1F
전 화	098-933-2585
시 간	14:00~19:30
정기휴일	블로그에서 확인 http://omar.exblog.jp
주차장	있음

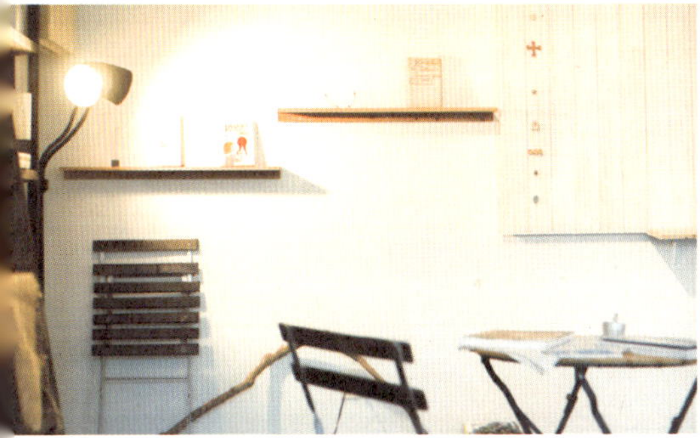

넓은 가게 안에서 넉넉하게 전시·판매되고 있는 책들.
주인장 가와바타 씨와 수다를 떨면서 느긋하게 시간을 보내고 싶어진다

05 IDEA 닌벤

New Okinawa Trip
중부 | 요미탄손 | 크리에이터

IDEA 닌벤
IDEAにんべん

관계 속에서 태어나는
'전달자'라는 직업

IDEA 닌벤에서 만든 숍카드나 팸플릿은 오키나와 곳곳에서 만날 수 있다. 활동 내용은 홈페이지에서 확인하면 된다
http://idea-ninben.com

오키나와현 내에서 만날 수 있는 몇몇 숍카드를 보며 어딘가 비슷한 취향이 느껴진다는 사람이 있을지 모르겠다. '다무라가마', '로타LOTTA', '몽슈슈mon chouchou', '고쿠' 등의 숍카드가 모두 같은 사람들에 의해 만들어진 것이니까. 그들은 바로 '아이디어 닌벤'의 구로카와 신야 씨와 유코 씨다. 그들이 제작하는 것은 숍카드부터 팸플릿, 패키지, 홈페이지까지 다양하다. "선입관을 갖지 않으려고 애써요. 상대가 무슨 생각을 하고 있는지를 첫째로 생각합니다. 거기서부터 무엇을 더할지, 무엇을 빼야 효과적일지 생각해요."
신야 씨가 오사카의 광고제작회사에서 오키나와의 광고회사로 옮긴 것은 16년 전의 일.
등산이 취미였던 신야 씨와 유코 씨는 등산을 하러 우연히 오키나와를 찾았다. 다른 곳과는 사뭇 다른 느긋한 오키나와 분위기에 반했다. 그들이 오키나와를 선택한 이유다. 그러나 오키나와에 살아도 기업에서 근무하다 보니 일이 바빠 아내

요미탄손에서 생산되는 용과 상자

요미탄손을 봉황으로 보이게 한 지도. 가볼 만한 곳이 가득

산책하러 가는 곳인 유반타 해변. 조용하고 편안한 장소

네이밍과 띠지(팸플릿)를 담당한
오지노OJINO의 손수건

유코 씨와 함께 밥 먹을 시간도 낼 수 없는 날들이 많았다. 일 중심의 생활을 바꾸고 싶었다. 독립해 집에서 일을 하면 일이 중심이 되지 않는 삶을 실현할 수 있지 않을까 생각했다. "사람의 관계가 있고 나서 일이 있는 거니까요. 독립에 대한 불안은 있었지만 회사 동료나 일 때문에 알게 된 지인들이 일을 의뢰하겠다며 응원해 주었죠."
정성을 들인 하나의 일이 누군가의 눈에 들어, 또 다른 일을 만들어낸다. 그렇게 해서 '아이디어 닌벤의 일'이 조금씩 이해를 받고, 가게나 지역에서 들어오는 일감도 늘었다.

흙이 있는 곳에서 살고 싶어 나하에서 이사를 검토하고 있을 때, 우연히 발견한 작고 아름다운 '유반타 해변'. 이 해변에 오고 싶을 때마다 언제든 산책하러 올 수 있는 곳에 살고 싶었다. 그래서 요미탄손에 집을 구했다. 아이디어 닌벤은 오늘도 꼼꼼하게 사람과 마주한다. 무언가를 전하는 일에서 한 발짝 더 나아가, 자연스럽게 전해지는 일을 하기 위해.

'백년의 식탁 할아버지와 할머니의 삶과 밥'

06 Shoka:
New Okinawa Trip
중부 | 오키나와시 | 셀렉트숍

쇼카

좋아하는 것만 가질 수 있는
즐거움과 가벼움을 전하다

좌우간 스스로에게 정직하다. 좋아하는 것을, 솔직하게 따라가는 용기와 강함을 갖고 있다. 그래서 '쇼카Shoka:'를 경영하는 다하라 아유미 씨는 마치 소녀처럼 천진하게 반짝반짝 웃는다.

쇼카의 상설 공간에서는 '미나 페르호넨'이나 '요간 레일' 등 질 좋은 물건들을 만드는 브랜드의 옷을 판매한다. 갤러리 공간에서는 연 6~8회 그릇이나 천, 주얼리 등의 기획전도 개최하고 있다.

어머니가 경영하던 부티크를 물려받은 것이 2000

현관에 들어서면 바로 보이는 갤러리. 이날은 '미나 페르호넨' 기획전 중

년의 일. 내면적으로 변화와 고민을 느끼면서 9년을 보낸다. 좀 더 자신다운 일을 할 수 없을까, 정말로 자신이 하고 싶은 일은 무엇일까를 모색하기 위해 일단 폐점. 대신 동생 사유리 씨와 딱 열흘 동안만 열리는 갤러리 '텐ten'을 여는 등, 사유리 씨의 집이나 다하라 씨의 본가 거실을 개방해서 기획전을 개최한다. 그러다 보니 조금씩 희미한 빛이 보이기 시작했다. 그리고 2010년 봄, 여행을 떠났다. 기후의 '갤러리 모구사', 나라의 '카페 호두나무', 도치기의 '스타네트' 등을 돌다가 우연히 만난 모구사의 도예가 안도 마사노부 씨, 아키코 씨 부부와 의기투합해 2011년 4월에 기획전을 하기로 약속하고 돌아왔다. "역시 사람이 중요하구나, 라고 생각했어요. 좋아하는 일을 좋아하는 장소에서 한다는 것의 힘도 새삼 느꼈죠. 그런 장소는 등대처럼 빛나고, 그곳을 향해서 사람들이 모여들거든요. 즐겁게 일하는 사람을 만나면 분명 모두들 좋은 기운을 얻을 수 있게 되니까요."

자택과 가게의 경계가 없는 공간

여행에서 돌아오자 가게 자리를 물색했다. 그러나 좀처럼 마음에 드는 곳을 발견하지 못해, 결국 자신이 가장 좋아하는 자택을 가게로 만들어 개장했다. 그리고 이 장소를 '모두가 진심으로 편안하게 쉬면서 인생의 한때를 함께 즐기고, 초여름의 상쾌한 바람처럼 가볍게 교류하는 장소'라는 마음을 담아 '쇼카Shoka:'라고 이름 지었다. 현관을 들어서면 커다란 갤러리 공간, 안쪽 거실이 부엌으로 이어지고 거실 옆의 방이 상설 전시실이다. 각각의 공간은 구분 없이 이어져 있다. 자연의 빛과 바람이 잘 통하는, 상쾌한 공간으로 만들기 위해서다. "생각하는 것과 실제로 하는 일이 다르면 스트레스가 되지만, 가게에서 표현하고 있는 건 평소의 생활 속에서 스스로 좋다고 생각하는 것

안쪽은 세탁실. 영업 중에는 피팅룸으로

뿐이에요. 그래서 라이프스타일이 그대로 일로 이어지니까 스트레스가 되지 않는 거죠."
이익이 나면 좋은 공간을 만들어서 손님에게 환원하라는 것은 어머니의 가르침. 쇼카는 가게이고, 동시에 집이다. 다하라 씨가 그 공간을 개방하고, 찾아오는 사람들과 생활의 풍요로움을 나누는 나날이 쌓여서, 이 공간이 더욱 아름답게 가꾸어지고 있다.

주 소	오키나와시 히야곤 6-13-6 沖縄市比屋根 6-13-6
전 화	098-932-0791
시 간	12:30~18:00
정기휴일	화요일
	비정기 휴일은 블로그에서 확인 http://shoka-wind.com

몽슈슈 mon chouchou 의 과자를 살 수 있는 가게
(재고가 없는 경우도 있으니 사전에 확인하시기 바랍니다)

Ten
주 소 기타나카구스쿠손 시마부쿠로 1497
　　 北中城村島袋1497
전 화 098-894-2515
시 간 12:00~18:00
영 업 일 목·금·토·일·공휴일

tous les jours
주 소 나하시 슈리기보초 2-19
　　 那覇市首里儀保町2-19
전 화 098-882-3850
시 간 13:00~17:00(토요일 18:00까지)
영 업 일 수·목·금·토요일(임시휴일·영업일 있음)

오키나와 세라도 커피 BeansStore
주 소 우라소에시 미나토가와 2-15-6 No.28
　　 浦添市港川2-15-6 No.28
전 화 098-875-0123
시 간 12:00~18:30
영업일 월~일요일(공휴일만 쉼)

자택 1층 공방에서. 과자를 만들거나 수업을 하기도 한다

07
New Okinawa Trip
중부 | 나카구스쿠손 | 과자

mon chouchou
몽슈슈

과자의 부드러운 맛은
만드는 사람의
마음에서 나온다

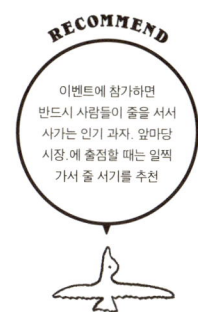

RECOMMEND

이벤트에 참가하면 반드시 사람들이 줄을 서서 사가는 인기 과자. 앞마당 시장.에 출점할 때는 일찍 가서 줄 서기를 추천

부드럽고 적당히 달다. 아케 씨의 케이크를 먹으면 모두 자연스럽게 웃는 얼굴이 되고, 안심하게 된다. 주문 판매나 현 내 카페와 이벤트 등에서 과자를 판매하고 있는 '몽슈슈'의 야마시로 아케미 씨. 우루마시 출신으로, 첫 직업은 시스템 엔지니어였다. 하지만 밤낮없이 바쁜 하루하루에, 제대로 된 삶을 살고 싶다는 마음이 강해졌다. 그래서 일을 하면서 우선은 통신 교육을 통해 좋아했던 제과제빵을 배우기 시작했고, 학원에 다니며 공부도 했다. 배운 대로 열심히 과자를 만들어 가족이나 친구에게 맛을 보여주다 보니 '신이 났다'.
활동의 주된 근거지는 자신의 집 1층이었다. 결혼 후, 남편과 함께 지은 자택에 '취미를 위한 방'을 만들었다. 그 공방에서 부정기적으로 개최하고 있는 과자교실, 계절마다 바뀌는 과자 세트 '차※의 친구 정기편' 등을 만들어 판다. 다른 사람이 자신을 필요로 한다는 기쁨 때문에 자신도 모르게 너무 많은 주문을 맡아 가정에 소홀해질 때도 가끔 있었다고.
"좋아하면서 할 수 있는 페이스를 무너뜨리지 않고, 남편과 서로를 제대로 마주보면서 그때 그때 생활에 맞게 해나가고 싶어요."
아케 씨가 목표로 하는 것은 많은 데코레이션으로 화려하게 장식한 것이 아니라 '생활 속에서 마시는 차와 함께 먹을 수 있는 과자'. 일상 속에서도 느긋하게, 소중한 사람과 차를 마시며 한가롭

게 보내는 시간을 소중히 여기는 탓이다.
몽슈슈로 활동하기 시작해서, 시스템 엔지니어 일을 그만두고 프로로서의 의식과 책임감을 가지고 걸어온 지 11년이다. 지금은 이벤트에 참가하면 사람들이 길게 줄을 선다. 눈 깜짝할 사이에 매진될 정도로 인기다.
"조각 쇼트케이크의 어느 부분을 먹는 사람에게도 딸기가 골고루 들어가도록 샌드하는 등, 보이지 않는 부분에 마음을 담고 있어요."
맛있는 과자를 만드는 비결을 물으니, 완성된 맛을 상상하는 것이라고 가르쳐주었다. 제대로 상상하지 않으면 그 맛에 다다를 수 없다는 것. 아케 씨의 수첩에는 일과 관련된 스케줄과 함께 생일이나 선물 등 가족을 위한 케이크 만들기 일정도 빼곡하다. 꼼꼼한 재료 선택도, 만드는 공정도 중요하지만 몽슈슈만의 부드러운 과자 맛은 만드는 사람의 마음이나 상상력으로부터 나온다는 것을 알려주는 듯하다.

전 화 090-8661-0696
이 메 일 info@mon-chouchou.net

※주문 · 문의는 전화 또는 메일로
※비정기적으로 과자 교실 개최

빛을 두르고 함초롬히 서 있다

08 New Okinawa Trip
중부 | 요미탄손 | 갤러리

히즈키 hizuki
日月 hizuki

해와 달이 있는 곳,
어디에나 어울리는 유리 그릇

그 유리는 매끄럽게 빛나면서 식탁에 색을 입힌다. "심플하지만 매일 쓰고 싶어지는 그릇. 해와 달이 뜨는 곳이라면 어디라도 어울리는 그릇을 만들고 싶어요."[1]
'다루고 싶은 소재'가 있으면 장소는 어디든 상관없다는 그녀. 이시카와현과 오사카부에서 유리를 배운 후, 독립할 장소를 찾아 오키나와로 왔고 독립 후 공방을 마련했다. "유리를 위주로 움직이곤 했기 때문에 생활이나 제작의 장소는 어디든 마찬가지라고 생각합니다. 그래서 달리 흥미 있는 소재를 발견하면 그때는 또 장소를 옮길지도 몰라요."
오야부 미요 씨가 만들어내는 유리는 빛으로 이루어진 이슬처럼 매끄러운 곡선과 함께 한다. 현 내외의 많은 갤러리에서 그녀 작품을 원하기 때문에 많은 작품들이 수시로 공방을 떠나간다. 해외에서 개인전을 하자는 이야기도 있다. 그 아름다운 디자인은 어디서 태어나는 것일까.
"디자인은 깊이 생각하지 않고 자연스럽게 이미지가 떠올라서 손이 움직여요. 제 라이프스타일에서 작품이 태어나기 때문에 환경이 변하고 나이를 먹어 가면서 사용하고 싶은 그릇이나 취향도 바뀌고, 새로운 디자인도 계속해서 생겨나죠. 그러니까 정체되는 일은 없어요. 기술만으로도, 예술 같은 감각만으로도 안 돼요. 양쪽 다 적절하게 조화를 이루면서, 사용하기 편하고 아름다운 것을 만드는 거죠. 제작에는 질리는 법이 없어요.

내버려두면 계속 쉼없이 만들어 버리는 타입이죠. 다행히 아이가 있는 덕분에 온/오프가 되고 있어요."

공방에 스태프가 늘어나고, 현재의 제작 환경에도 변화가 찾아오고 있다. 장소나 환경이 바뀌면 미요 씨 손에서 생겨나는 것들도 바뀔지 모른다. 하지만 몇 년이 지나도 그녀의 작품들은 아름다운 빛을 두른 채 어떤 장소에나 잘 어울릴 것이라는 사실만은 변하지 않을 듯하다.

주 소	요미탄손 도케시 273 讀谷村渡慶次 273
전 화	098-958-1334
시 간	10:00~17:00
정기휴일	일요일
주 차 장	1대

1 가게 이름인 '히즈키'는 '해와 달'이라는 뜻

갤러리에 수많은 작품이 진열되어 있다

남성적인 '매력'이 느껴지는 내부

09 New Okinawa Trip
중부 | 차탄초 | 카페

VONGO & ANCHOR
봉고 앤 앵커

여행 중 가슴에 남는 몇 장면이 생기는, 바로 그곳은 바닷가에 있는 카페

연어 마리네와 아보카도 샌드위치 플레이트. 샐러드와 수프

차탄초 미하마에는 '아메리칸 빌리지'라는 아직 개발 중인 지역이 있다. 음식점과 영화관, 가게들이 모여 있고 글자 그대로 아메리카 분위기가 물씬 풍기는 이곳은 오키나와 젊은이와 관광객으로 넘쳐나는 장소. 솔직히 내가 자주 찾는 곳은 아니었지만 최근 사정이 바뀌었다. 그것은 2015년, 2016년 연이어 오픈한 'ZHYVAGO COFFEE WORKS'와 'VONGO&ANCHOR'의 존재가 크다. 바닷가에 있는 이 가게는 주인인 이호시 겐타로 씨가 미국 포틀랜드를 여행했을 때 경험한 커피 문화를 그대로 가져온 듯한 이국적인 정서가 넘치는 카페다. 아침 식사를 하거나, 집중해서 일을 하거나, 미팅할 때도 이용한다. 물론 바다를 바라보며 느긋하게 쉴 수도 있는, 그 자리에 머물고 싶은 카페다. "이 거리에 있으면 좋겠다고 생각한 공간을 만들었어요. 여행 중 본 아름다운 경치나 참 맛있었던 음식 등 기억에 남는 그런 장면을 이 거리에 연출하고 싶어요"라고 말하는 이호시 씨. 절에서 사찰요리를 만드는 어머니 덕분에 요리와 친숙한 환경에서 자랐고, 에도마에 전통 초밥을 배우기 위해 도쿄에서 8년 동안 수행한 후, 근무하던 회사의 신규 점포 준비로 오키나와에 온 것이 시작이었다. 11개월간의 일을 마치고 다시 도쿄로 돌아갔지만 뭔가 위화감을 느꼈다.

공간을 채운 색감이 개성적인 잡화

사람과 가게가 거리를 바꾸다

바다가 눈앞에 보이는 테라스석

여행으로 다시 오키나와를 찾은 이호시 씨는 '오감을 되찾은 듯한 감각'을 느꼈다고 한다. 우연히 들렀던 차탄초의 아라하 비치. 아시아의 야시장 분위기가 물씬 느껴지는 '한비 나이트 마켓'. "일본에도 이런 장소가 있구나 하고 조금 충격을 받았어요. 이곳에 적당한 장소가 있었고, 여기 분위기라면 햄버거가 어울리지 않을까. 2박 3일 만에 점포를 결정하고 3개월 후에는 회사까지 그만두고 오키나와로 이주했다.

초밥에서 햄버거라는 변신이 조금 놀랍지만 "초밥 만들기나 햄버거 만들기에 큰 차이는 없어요. (웃음) 사람이 만들어서 사람이 먹고, 좋은 재료와 기술에 감성을 더하는 거죠. 만드는 일에 대한 마음과 본질은 같으니까요."라고 말하는 이호시 씨에게는 별문제 아닌 것 같다.

그러던 중에 운영 회사의 권유로 '아메리칸 빌리지' 안으로 이전했다. 5년이 지난 후에는 'ZHYVAGO COFFEE WORKS'도 오픈했다.

수차례 취재를 하다 보면 '어떤 장소와의 만남이 사람의 능력을 최대치로 끌어올리는 경우가 있다'는 생각이 들 때가 있다. "아메리칸 빌리지라는 분명한 콘셉트가 있으니, 기대감을 가지고 찾아오는 손님에게 이미지 이상을 제공하고 싶었어요. 점이 아닌, 선과 선을 이어서 면을 이루어 가는 일, 우리는 그런 일을 하고 싶습니다." 그렇게 말하는 이호시 씨의 마음속에는 자신을 발휘하게 해준 이 지역에 대한 '감사'가 담겨 있다. 아마 그 마음이 그를 움직이게 하는 원동력이 될 것이다.

"사람들과 함께 커뮤니케이션하면서 여행지로서 거리를 연출할 뿐만 아니라 오키나와의 젊은이들이 재능을 발휘할 수 있는 장소와 환경을 만드는 것이 제가 해야 할 일이라고 생각합니다." 이호시 씨는 자신이 하는 일을 '장인정신'이라고 표현했다. 요리도, 가게도, 거리조차도 본질은 마찬가지니까. 지금은 장소를 만드는 일로 젊은이가 활약할 수 있고, 그런 재능을 만날 수 있는 것이 즐겁다고 한다. "여기는 앞으로 더 좋아질 테니까 기대해주세요."라며 웃는다.

한 사람이, 가게 하나가, 지역을 바꿀 수 있는 힘을 가지고 있다. 이 가게가 있어 나는 차탄 지역이 좋아졌다.

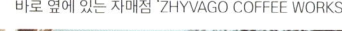

바로 옆에 있는 자매점 'ZHYVAGO COFFEE WORKS'

에스프레소 베이스의 진한 라떼. 양도 듬뿍

VONGO&ANCHOR New Okinawa Trip
중부 | 차탄초 | 카페 09

주　　소　나카가미군 차탄초 미하마 9-49 베셀호텔 칸바나 별관 1F
　　　　　中頭郡北谷町美浜9-49 ベッセルホテルカンパーナ別館1F
전　　화　098-988-5757
시　　간　09:00-22:00
정기휴일　없음
주 차 장　1대

042 - 043

10 New Okinawa Trip
중부 | 기노완시 | 식물

HADANA
하다나

손님과 나와 식물이
좋아하는 것

자택 겸 창고 앞. 식물에 에워싸여

'하다나HADANA'는 2008년에 시작한, 식물이 있는 생활을 제안하는 옥외 환경 조성 및 식재植栽 브랜드. 점포는 없고, 다른 가게 앞에서 판매하거나 출장 판매를 하고 있다.
"오키나와로 이사를 왔을 때, 아내가 방 한가운데에 커다란 나무를 한 그루 놓았어요. 그랬더니 방의 분위기가 확 달라져서요. 식물에게 이런 힘이 있구나 하고 놀랐지요."
2005년에 고베에서 오키나와로 이주해 온 것은 일만 하는 생활에 지친 데다, 매 주말마다 서핑을 할 수 있는 바다에 가기 위해 몇 시간이나 들여야

했기 때문이다. 늘 바다 가까이에 사는 것에 대한 동경이 강했다. 하다나 다쓰야 씨와 유마 씨는 어쨌거나 이사를 해야만 그것을 실현할 수 있을 것 같은 기분이 들었다. 두 사람은 각자의 일을 그만두고 오키나와로 왔다. 본래 꽃에 흥미가 있었던 다쓰야 씨는 얼마 후 꽃집에서 일을 하게 되었다. 해가 뜨기 전부터 밤중까지 열심히 일했다. 꽃을 사러 온 손님에게 제대로 설명할 수 없는 게 답답해서, 집에 식물을 데려와 실험해 보곤 했다. 어떤 환경을 좋아하고, 어떻게 자라는지, 꼼꼼하게 관찰했다. 그렇게 식물과 마주하고 있는 사이에, 어

마치 식물원처럼

풍요로움으로 이어지는, 삶 속의 식물

느새 식물의 표정을 알게 되고 식물을 정말로 좋아하게 되었다. 그렇게 2년 반 동안 꽃집에서 열심히 일하다가, 문득 오키나와다운 생활을 하고 있지 못하다는 생각이 들었다. 그때, 유마 씨에게 슬쩍 한 번 물어보았다고 한다. "고베로 돌아갈까?"라고. 하지만 유마 씨는 고개를 가로저었다. 그래서 다시 반년 정도 아르바이트를 하며 개업자금을 모았다. 처음에는 관엽식물을 판매하고 정원에 식물을 심는 일을 했다. "오키나와에는 일 년 내내 식물이 많다 보니 오히려 식물에 무관심한 사람도 많아요. 하지만 생활 속에 식물이 있으면 마음에 여유가 생기고 풍요로움으로 이어진다고 생각하거든요. 누구의 생활 속에서든, 식물이 도움이 되었으면 좋겠다고 생각해요."

"일하다 보니, 손님과 가게가 대등한 느낌이 들어요. 손님 덕분에 감동을 받을 때가 많았죠. 나무를

집안 곳곳에 놓인 식물들.
창고를 개장한 것이라고는
생각되지 않는 기분 좋은 공간

심는 일은 판매한 후에도 관계가 이어지는 게 매력이에요."
옛날 사진 속에서는 작았던 나무가 가족의 성장과 함께 크게 자란다. 그렇게 가족 이야기의 일부를 담당할 수 있는 것도 식물의 매력이다. 손님도, 자신도, 그리고 식물도 좋아할 수 있도록 다쓰야 씨는 마당에 식물을 심고 있다. 지금은 신축한 집의 마당 식재 주문이 일감의 9할을 차지한다. "여행을 좋아해서, 일을 어느 정도 하고 나면 한꺼번에 휴가를 얻어서 여행을 떠나고 싶어요. 그래서 지금은 가게를 열 생각은 없습니다."
하다나가 오키나와에 심은 나무들은 조금씩 성장해, 그 집 이야기의 일부가 될 것이다. 두 사람은 지금 커다란 식물들과 함께 창고 일부를 개장해 살고 있다. 거실에는 움벨라타 나무가 한 그루 있다. 뚜렷한 존재감으로 공간에 부드러운 분위기를 더하면서.

식물과 친밀하게 접하는 다쓰야 씨

식재나 정원 조경에 관한 문의는 홈페이지로
www.hadana-g.com
하다나HADANA가 취급하는 관엽식물은
인테리어 셀렉트숍 믹스 라이프스타일MIX life-style
에서 판매하고 있습니다.

주	소	기노완시 아라구스쿠 2-39-8
		宜野湾市新城 2-39-8
전	화	098-896-1993
시	간	11:00~19:30

11

New Okinawa Trip
중부 | 우루마시 | 출장요리

이름 없는 요리점

名前のない料理店

한 입 먹으면
오키나와의 풍경이 펼쳐지는
프랑스 요리

케이터링을 희망하시는 분은 메일로
문의해 주세요. 자택, 카페 등 부엌이
있는 곳이라면 장소는 상관없습니다

예　산　1인 6,000엔~, 1그룹 30,000엔~
이 메 일　restaurant-s.l.n@mist.ocn.ne.jp

현 내에서 출장요리사로 활약하고 있는 사람이 있다. 그 이름은 바로 '이름 없는 요리점'의 요리사 오지마 게이지 씨. 그는 도쿄와 프랑스에서 배워온 프랑스 요리를 베이스로, 거의 오키나와 식자재만으로 코스를 만들어낸다. 한 번 그 코스를 먹어보면 넓고 깊은 오키나와 식재료의 지식에 놀라게 될 것이다. 예약을 받고 나서 그때그때 코스의 내용을 조사하고, 생산자가 있는 곳에 재료를 사러 가고, 준비를 한다. 특히, 채소를 고를 때는 생산자의 의지가 식재료에 그대로 묻어난다고 생각하기 때문에 매력이 느껴지는 사람의 식재료를 구해 요리하려고 애쓴다.

도쿄의 레스토랑에서 공부하던 시절, 오너와 가치관이 맞지 않아 '일단 모든 걸 리셋하고 자신이 무엇을 할 수 있는지 생각하고 싶다'며 무작정 오키나와로 이주한 그. 하지만 호텔이나 레스토랑에서는 자신이 만들고 싶은 음식을 만들 수가 없었다. 도쿄에서의 생활과 크게 다르지 않은 현실에 침울해져서, 다시 공부를 시작하려고 파리로 건너갔다. 그때 파리에서 만난 것이 '테루아르terroir'라는 개념. 테루아르란 '음식 안에서 그 지방의 문화를 의식하는 것'이라고 오지마 씨는 이해하고 있다.

그 지방의 식재료를 사용하고, 생산자와 밀접하게 커뮤니케이션을 하고, 그 지방을 연상시키는 요리를 만드는 것. 이 사고방식이 오지마 씨에게 딱 들어맞았다. 다시 오키나와로 돌아온 그는 자신의 요리를 만들 수 있는 장소를 찾기로 했다. 2007년, 요미탄손에 있는 '요미탄 자연학교'의 아이들을 위해 점심식사를 만들면서, 주방을 빌려 밤 시간에 '이름 없는 요리점'을 오픈했다. 얼마 후 건물 주인의 사정으로 그만둘 수밖에 없었지만, 그때의 손님이 자신의 자택에서 요리를 해달라고 부탁을 해왔다. '출장요리라는 방식이 있다면 그것도 재미있을지 몰라.' 그게 시작이었다.

"손님과의 거리가 한없이 가까운 게 재미죠. 손님 주도로 먹는 자리를 만들 수 있으니까 마음이 편해질 수 있고, 꼼꼼하게 식재료 설명도 할 수 있어요." 광고는 하지 않고 홈페이지도 없지만, 입소문이 나서 예약은 끊이지 않는다. 오키나와를 더 많이 알리기 위해 오키나와의 식재료를 가지고 프랑스 요리를 만들어내는 것이, 자신의 중요한 일이라고 생각한다. 자신을 살려준 오키나와를 생각하며 만든 오지마 씨의 요리에서는 오키나와의 풍경이 보인다.

12 New Okinawa Trip
중부 | 요미탄손 | 빵

빵집 스이엔
水円

빵과 수프로 채워진
커다란 나무 옆,
당나귀가 있는 빵집

가게 옆길을 따라가면 그 안쪽에
사는 당나귀 와라를 만날 수 있다

오키나와산 옥수수로 만든 포타주(450엔)에 호밀과 통밀가루로 만든 빵을 곁들여서

주차장에 차를 세우고 조금 걷다 보면 이윽고 보이는 커다란 나무 옆에 '스이엔'이 서 있다. 그 작은 빵집의 문을 열고 들어서는 순간 이미 스이엔이라는 세계의 이야기 속으로 자신도 쏘옥 들어가 있다는 것을 깨닫게 될 것이다. 높은 천장에서 빛이 쏟아져 내리고, 빵과 수프의 향기가 떠도는 그곳은 한없이 행복한 공간.

스이엔을 경영하는 모리시타 소이치 씨와 가오루 씨. 소이치 씨는 대학에 진학하기 위해 오키나와로 왔다. 졸업 후, 가오루 씨와 둘이서 '무나카타도宗像堂'를 찾았을 때 빵의 맛뿐만 아니라 '그림책 같은, 꿈같은 세계'에 두 사람은 감동을 받았고, 언젠가 이런 가게를 자신들도 갖고 싶다고 생각하게 되었다. 소이치 씨는 그 후 무나카타도에서 빵을 배웠다. 무나카타도에서는 스태프를 모집하지 않기 때문에 처음에는 거절당했다. 하지만 장작 패는 일부터 시작해서 조금씩 빵 만들기를 배웠다.

가오루 씨는 오키나와에 오기 전에 사진을 공부했다. 오키나와의 사진을 찍고 싶었다. 그렇다면 1년 동안만 오키나와에 살면서 사진을 찍자고 생각했다. "특별히 이유가 있었던 것은 아니지만 오키나와의 자연과 사람이 굉장히 저랑 잘 맞는 느낌이 들었어요. 오키나와는 라이프스타일을 공감할 수 있는 사람이 많고, 인생을 즐기는

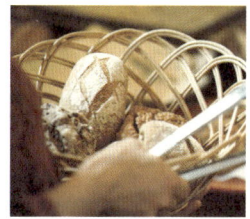

오픈과 동시에 많은 사람들의 손에

공방 안에서 혼자 작업에 집중하는 소이치 씨

사람도 많아서 자극이 돼요."(가오루 씨)

한동안은 사진 일을 하면서 카페에서 아르바이트를 했다. 무나카타도에서 6년 동안 빵 만들기를 배운 소이치 씨가 독립하는 타이밍에 맞춰, 가오루 씨도 카페를 그만두고 가게를 열기 위한 준비를 했다. 가게 자리는 요미탄손에서 찾기 시작했다. 본래 요미탄손의 자키미라는 곳을 좋아했던 탓도 있고, 자연이 풍부하며, 돌화덕을 만들 수 있는 점, 나하나 북부에서도 사람들이 올 수 있을 만한 곳이란 점도 요미탄손을 첫손에 꼽은 이유다. '커다란 나무 옆에 가게를 열고 싶다'는 희망을 들은 친구가 비어 있는 가게 자리 정보를 하나 알려주었다. 아침에 보러 갔더니 그 나무에서 잎이 빛과 노닐면서 슬로모션으로 떨어져 내렸다. 그 광경을 보자, 건물은 낡았지만 이곳에서 하고 싶다는 생각이 강하게 들었다. 설계도는 없었다.

가오루 씨가 그린 일러스트를 바탕으로 만들어진 공간

손님을 대할 때의 가오루 씨는 언제나 웃는 얼굴

빵집 스이엔

단지 가오루 씨가 가게의 이미지를 일러스트로 그렸다. "일상 속 어떤 순간의 광경이나 좋아하는 장소의 풍경을 떠올렸어요. 제 안에 '지금'되어 있던 그런 이미지를 전부 끌어냈던 것 같아요."
소이치 씨는 현재 '보노호BONOHO'를 경영하는 사토 나오미치 씨와 함께 일러스트를 바탕으로 오두막을 새로 고쳤다. 사는 곳은 가게 근처에 있다. 닭과 토끼가 함께 살고, 가게 옆에는 당나귀 와라도 살고 있다. 소이치 씨가 만드는 것은 밀, 고구마, 흑설탕, 현미로 만든 효모를 사용해 돌화덕에서 구운 심플한 빵. 아침 5시 이후에 작업을 시작해, 20~25종류인 스이엔의 빵을 전부 혼자서 만든다. "건강한 빵을 만들고 싶어요. 효모는 생물이기 때문에 겉모습, 맛, 좋은 상태를 잘 가늠해야 하죠. 아직 멀었습니다. 늘 열심히 하고 있어요."
가게 안에서 빵을 먹고 갈 수도 있다. 가오루 씨가 만드는 것은 오키나와산 채소를 사용한 수프인데, 소이치 씨가 만드는 빵과는 궁합이 아주 잘 맞는

주　　소	요미탄손 자키미 367
	読谷村座喜味 367
전　　화	098-958-3239
시　　간	10:30 – 해질 때까지
	(빵은 품절되면 종료)
정기휴일	월 · 화 · 수요일
주 차 장	있음

다. "복잡한 일은 하지 않고, 소박한 빵에 어울리도록 그냥 심플하게 채소를 수프로 바꿀 뿐이죠." 오픈한 지 7년. 손님의 발길은 끊이지 않지만 두 사람은 빵 만들기와 가게 운영에 대해 지금도 늘 고민하면서 걸어가고 있다. 하지만 그것이 오히려 사람의 체온을 느끼게 하는 스이엔 특유의 존재감을 만들어내고 있는 것은 아닐까. 이 소박한 맛의 빵도, 이야기가 느껴지는 공간도, '다른 곳에서는 체험할 수 없다'고 느끼게 하는 힘을 가지고 있다.

그래서 사람들은 스이엔을 찾아오는 것이다.
"앞일은 모르는 거지만, 좀 더 인연이 있는 곳에서 일하고 싶다는 생각을 해요. 손님들도 스태프도 한숨 돌릴 수 있는 편안한 장소였으면 좋겠고요. 가게 앞에 서 있는 나무처럼 듬직하게 버틸 수 있게 되려면 아직 시간이 더 걸리겠죠. 손님을 접대하는 걸 좋아하기 때문에 스스로에게 솔직하게, 즐겁게 할 수 있는 일을 해 나가고 싶어요." (가오루 씨)

LIVING LIFE MARKETPLACE
카르마 오가닉스에서 취급하는 자연식품은
이 인터넷 쇼핑몰에서 구입 가능
http://www.livinglifemarketplace.com

13 New Okinawa Trip
중부 | 기타나카구스쿠손 | 오가닉

KARMA ORGANICS
카르마 오가닉스

제철 채소의 그린 스무디를 테이크아웃.
오키나와에서 건강을
전파하는 자연식품 가게

로치아 푸딩(500엔).
유제품을 사용하지 않는 크리미한
푸딩은 끈적끈적한 가운데 톡톡
터지는 식감이 있다

그린 스무디 테이크아웃도 추천

백설탕, 유제품, 달걀, 밀 등을 사용하지 않는 카르마 오가닉스 오리지널로 만든 시리얼 등 갖가지 로푸드(raw food, 생채식) 식재료와 오가닉 식재료, 이와 관련된 가전제품 및 외국 서적까지, 조용한 분위기의 가게 안에 우아하게 진열되어 있다. 주인장 이토 요시코 씨는 의사를 지망하던 남편이 오키나와의 대학에 진학하면서 2008년에 오키나와로 이주했다. 20대 시절, 뉴욕에 살 때 만났던 카페에서 오가닉의 세계에 흥미를 갖게 됐고,

탁 트인 공간에 오가닉 식재료가 진열되어 있다

현지에서 2년 정도 일했다. 오가닉 가게를 갖는 꿈을 품고 레스토랑과 카페, 식료품점 등을 돌며 공부하기도 했다. 오키나와로 이주한 후, 일본에서는 좀처럼 구하기 힘든 해외의 로푸드 식재료 수입을 시작하고 인터넷 숍을 오픈했다. 오키나와에서 통신판매를 하는 경우 아무래도 '배송비가 비싸진다'는 과제가 있기는 했다. 하지만 대신 오키나와에는 비교적 임대료가 싼 가게가 많았다. 게다가 꼼꼼하게 상품을 선정할 뿐만 아니라 배송업자와 교섭을 하고 상품을 사용한 레시피를

제안하는 등의 노력에도 힘을 쏟았다. 또한 자연 식재료에 대한 관심이 높아진 덕도 있어서 현재는 관동을 중심으로 현 내외에서 주문이 늘어 가고 있다. 업소 납품도 확대되고 있다. 기왕이면 '실제로 보고 사고 싶다'는 고객의견을 반영하여 오프라인 가게도 열게 되었다.

"오키나와에서는 한 발 떨어진 곳에서 육지의 유행을 볼 수 있어요. 도회지에 있으면 여러 가지 정보, 유행에 휩쓸리기 쉽지만 오키나와는 자신의 세계에서 살아갈 수 있는 곳이죠."

지금은 마찬가지로 이주해 온 부모님이 조리를 도와주는 등 "패밀리 비즈니스예요(웃음)."

그런 '카르마 오가닉스 KARMA ORGANICS'에서는 계절에 따라 달라지는 그린 스무디와 로푸드 디저트 등을 먹을 수 있다. 메뉴들 모두 음식으로서도 순수하게 맛있다.

주　　소 기타나카구스쿠손 아다니아 1468-4 2F
　　　　 北中城村安谷屋 1468-4 2F
전　　화 098-989-4861
시　　간 11:00-17:00
영 업 일 일~수요일
주 차 장 없음. 점포 뒤쪽에 있는
　　　　 와카마쓰 공원 주차장을 이용할 수 있다.

모닝 샌드위치, 커피와 세트로 느긋하게 즐기고 싶다

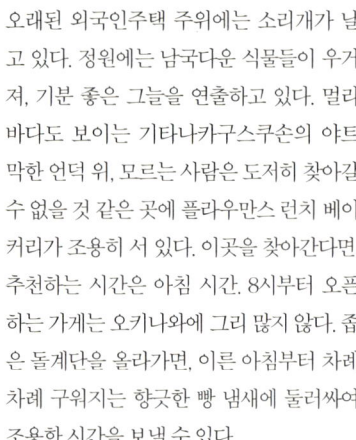

14 PLOUGHMAN'S LUNCH BAKERY

New Okinawa Trip
중부 | 기타나카구스쿠손 | 빵

플라우만스 런치 베이커리

바다가 내려다보이는 언덕 위,
갓 구운 빵의 향기가 떠돌다

오래된 외국인주택 주위에는 소리개가 날고 있다. 정원에는 남국다운 식물들이 우거져, 기분 좋은 그늘을 연출하고 있다. 멀리 바다도 보이는 기타나카구스쿠손의 아트막한 언덕 위, 모르는 사람은 도저히 찾아갈 수 없을 것 같은 곳에 플라우만스 런치 베이커리가 조용히 서 있다. 이곳을 찾아간다면, 추천하는 시간은 아침 시간. 8시부터 오픈하는 가게는 오키나와에 그리 많지 않다. 좁은 돌계단을 올라가면, 이른 아침부터 차례차례 구워지는 향긋한 빵 냄새에 둘러싸여 조용한 시간을 보낼 수 있다.

주인장 야부 료마 씨가 이곳에 가게를 연 것은 9년 전의 일. 도쿄에서 태어나고 자랐으며, 어릴 때부터 방 꾸미기를 좋아했다는 료마 씨. 그는 건축을 배워 건축사무소에서 일했고, 더 많은 경험을 위해 스페인으로 유학

을 가기로 결심했다. 그 유학을 떠나기 전에 오키나와로 이주한 부모님의 집을 찾은 것이, 이야기의 시작이었다. 유학 전에 여유시간을 이용하려고 아르바이트를 시작했는데, 가게 주인의 권유로 10개월 후에는 점장으로서 카페 오픈까지 담당하게 되었다. 인테리어부터 전부 맡아서 했다. 그때까지도 스페인에 대한 마음은 여전히 갖고 있었지만, 그래도 '음식' 일에 끌렸다. 그때는 독립하고 싶은 욕심은 전혀 없었다. 하지만 다음 단계로 나아가고 싶다는 느낌이 어느새 들기 시작했고, 나만의 가게를 갖는 것에 대해서도 생각하게 되었다. 자신이 무엇을 할 수 있을까, 생각했을 때 나온 답은 건축이 아니라 음식이었다. "음식점에 있어서 중요한 건 '먹는 것'만이 아니라는 걸 경험적으로 알고 있었어요. 이벤트나 전시 같은 걸 포함해서 사람과 사람이 연결되어 갈 수 있는 것이 가게라는 걸요. 그건 아주 매력적인 일이에요. 어쨌든

'상자'를 만들면 사람들이 와서 기뻐해줄 거라는 자신은 있었죠."

아르바이트를 하면서 재능을 가진 많은 친구들과 관계를 맺을 수 있었다. 이 관계를 소중히 여기기 위해, 또 언젠가 그들이 상자를 활용하고 더 많은 관계의 장으로 삼을 수 있도록 하기 위해, 알맞은 장소는 오키나와밖에 없다고 생각했다. 그러나 정보지를 읽고 인터넷을 뒤져보았지만 흥미가 생기는 가게 자리를 쉽게 만날 수가 없었다. 오토바이를 타고 발로 뛰며 찾기 시작했을 무렵, 우연히 작은 계단을 발견하고 올라가 보니 거기에 '플라우 만스 런치 베이커리'가 될 가게 자리가 야부 씨를 기다리고 있었다. '손님들이 두근거리는 마음으로 기다릴 수 있도록' 전단지는 오픈 두 달 전부터 뿌렸다. 가게 이름을 좀 길게 한 이유는 '언덕 위의 빵이 맛있는 가게'처럼 외우기 어려운 이름을 붙이는 게 오히려 어떤 가게인지 궁금증과 호기심을

소금 약간에도 고민하면서, 카페 경영의 재미를 실감하고 있다

PLOUGHMAN'S LUNCH BAKERY

오래된 목재와 앤티크 가구가 절묘하게 배치된 실내는 공간 구성에 참고하고 싶어진다

갖게 할 수도 있지 않을까 싶어서였다고. 오픈 당초에는 빵만 판매하는 것으로 출발했고, 두 달 후부터 런치를 시작했다. 빵을 맛있게 먹을 수 있도록, 누구나 편안하게 쉴 수 있도록 만들어진 공간은 나무의 온기가 있는 다정한 분위기를 연출한다. 앤티크 가구와 오래된 외국인주택이 자아내는 그리움과도 비슷한 공기가 사람들을 온화하게 만들어 준다. 채소를 실컷 먹을 수 있는 런치 플레이트를 주문하면 가게에서 판매하는 여러 종류의 빵을 무한리필 할 수 있다. 오픈할 때는 주거 겸용이었지만 좌석 수를 늘리기 위해 살림집은 따로 마련했다. '플라우만스 런치 베이커리'는 지금 지역 주민에서부터 관광객까지 많은 사람들을 끌어모으는, 오키나와를 대표하는 카페 중 하나로 성장했다.

"도쿄에서 태어났지만 뿌리가 오키나와라서, 오키나와가 나를 부른 건가 하는 기분이 지금은 듭니다. 땅의 힘이 강한 만큼, 그 땅에 감사하고 풍토에 맞추는 게 중요하다고 생각해요. 오키나와는 '직접 한다'는 게 가능한 곳이죠. 저한테는 별로 콘셉트가 없어요. 만난 사람들이 이끌어주었다는 느낌이죠. 하지만 그게 강점이기도 해서, 변화를 기대하면서 앞으로도 이끌리는 대로 가볼 생각입니다."

그가 언덕 위에 만든 '상자'에는 오늘도 많은 사람들이 찾아온다. 지금은 그들 대부분이 긴 카페 이름을 외우고 있다.

주 소	기타나카구스쿠손 아다니야 927-2 北中城村安谷屋 927-2
전 화	098-979-9097
시 간	8:00~16:00 (L.O. 15:00)
정기휴일	일요일
주차장	8대

주 소 나카가미군 중두군 차탄초 9-46 Distortion Seaside Bldg 2F
中頭郡北谷町9-46 Distortion Seaside Bldg 2F
전 화 098-923-2880
시 간 11:00-19:00
정기휴일 없음
주 차 장 있음

15 New Okinawa Trip
중부 | 차탄초 | 초콜릿

Timeless Chocolate
타임리스 초콜릿

보편적인 가치를 가진
오키나와에서 태어난 초콜릿

예를 들자면, 사탕수수는 일반적으로 기계로 베어 세 번을 짜는데, 그는 직접 손으로 베어서 상태가 안 좋은 것만 버리고 한 번만 짜서 정성스레 솥으로 끓여낸다. 그러면 잡맛이 없는 진한 흑설탕이 만들어진다. 이 '순수한' 흑설탕 맛에는 모두가 감탄한다.

"계획을 세우면 망하는 타입이에요. 게다가 싫증도 빠르고요."라고 웃는 하야시 마사유키 씨가 푹 빠져 있는 것은 바로 초콜릿이다.

초콜릿뿐만 아니라 커피나 조각 케이크도 맛볼 수 있다

일상생활에서는 볼 기회가 없는 카카오 씨앗

"원료를 제대로 따져서 거짓 없는 장사를 하고 싶어요." 그래서 카카오 로스팅부터 초콜릿이 완성되기까지 이른바 'Bean to Bar' 스타일을 고집한다. 세계 각지를 여행한 하야시 씨의 눈에는 섬마다 다른 흑설탕이 있는 오키나와가 큰 가능성이 있는 곳으로 보였다.

"제가 세계 각지를 여행하면서 느꼈던 것을 오키나와의 소재에 융합시켜서 다시 세계로 내보내려고 해요." 초콜릿 전문점이지만 카페 스타일로 꾸민 것은 이벤트를 자유롭게 개최해서 매일 가게에 오더라도 무언가 새로운 자극을 느낄 수 있는 '사교장'이 될 바라기 때문이라고.

순수한 흑설탕처럼 제대로 된 원료를 마주하다 보면 거짓 없는, 정말 맛있는 초콜릿을 만들 수 있다. 이 가게에 있는 것은 언제나 가치를 잃지 않는 그런 진짜 초콜릿이다. 하야시 씨에게 "이제는 질리지 않으세요?"라고 물어봤더니 "꽤 재미있어요." 라며 천연덕스럽게 웃는다.

지역 특성으로 외국인 손님들이 많다

카카오와 오키나와 흑설탕을 사용한 초콜릿

모프모나와 같은 건물 3층에는 모프모나 노 자카

런치, 디너 모두 인근에서 생산된 채소를 사용한 메뉴를 즐길 수 있다

16
New Okinawa Trip
중부 | 기노완시 | 카페·잡화

mofgmona
mofgmona no zakka

모프모나/모프모나 노 자카

카페와 그릇,
15년의 시간을 거친 수제 공간

'모프모나 mofgmona'라는 카페가 있다. 지금은 오키나와에도 수많은 카페가 있지만 이곳은 다른 곳과는 조금 다른 분위기를 가진 곳이다. 단순히 센스가 좋다는 것이 아니다. 시간이 준 조용한 중후함 같은, 확실한 존재감이 느껴진다.

주인장 마에지마 다케시 씨는 도쿄 출신. 18세에 다이빙을 시작해, 19세 때 자마미지마 섬에서 민박 아르바이트를 하면서 다이빙을 하기 위해 이곳에 왔다. 당시 마에지마 씨는 지금의 아내인 모모에 씨와 친구와 함께 셋이서 외국인주택을 쉐어해서 살고 있었다. 그곳은 어쨌거나 사람들이 자주 놀러오는 집이었다. 그때마다 직접 요리를 하고, 커피를 끓여 대접했다. 셋이서 지극히 평범하게 해오던 그 스타일이 직업이 된다면 매우 행복한 일이겠다고 생각했다. 우리가 하면 멋진 가게가 되지 않을까, 그런 근거 없는 자신감에 떠밀려 세 사람이 각각 가게를 열 준비를 시작하게 된 것이다. 마에지마 씨는 대학원을 휴학하고 시즈오카 현의 공장에서 3개월 일했다. 도쿄의 본가로 돌아가 이케부쿠로의 다이닝바에서도 일했다. 이사나 운송회사 아르바이트 등까지 이것저것 하면서 돈을 모으고, 오키나와현 내의 음식점에서 공부도 했다. 세 사람은 떨어져 있는 동안에도 서로의 생각을 이메일로 나누었다.

휴학 기한인 2년을 앞두고 그들은 모프모나를 오픈했다. 인테리어는 전부 그들이 직접 했다. 가게를 시작할 때부터 정해놓은 룰도 있다. 상의는 셋이서 하지만 결단은 마에지마 씨가 한다는 것이었다. 그렇게 정해놓으니 말로는 설명하기 어려운

주인장 마에지마 다케시 씨와 모모에 씨

개인적인 생각을 공간이나 요리에 반영하기 쉬웠고, 옳고 그른 것을 떠나 가게의 개성을 일관성 있게 만들어낼 수 있었다. 공사 중일 때부터 보고 가던 손님들이 꾸준히 와주어서, 오픈한 달부터 '자신들이 먹고 살 수 있을 정도'로는 매상이 올랐다. 손님이 많이 오면 제대로 대응할 수 있을지 불안했기 때문에 처음 2년은 잡지 취재도 거절했다고 한다.

"가게는 오픈했을 때가 완성이 아니라 시간이라는 요소가 더해져서 변화해 가는 거라고 생각했거든요. 그건 시간과 함께 일어나는 생각지도 못했던 일들을, 즐거운 일이든 힘든 일이든 모두 받아들이면서 해나가겠다는, 그렇게 변화에 대응할 수 있는 마음가짐이었던 것 같아요."

카페의 그릇은 작가가 만든 것을 사용했다. 공방을 돌며 작가와 관계가 생겨나다 보니, 카페에서 사용하기만 하는 것이 아니라 판매도 하게 되었다. 그러나 큰 공간을 마련할 수도 없어서 재고가 없는 상태가 계속되었다. 창고의 필요성이 절실해졌다. 마침 반년쯤 전부터 비어 있던 세 집 건너의 단독주택을 쓰지 않겠냐는 이야기가 들어왔다. "기둥의 상처나 낙서, 붙어 있는 달력, 사용감 있는 부엌, 창문으로 보이는 풍경, 그런 작은 단독주택의 생활감에 자극을 받았어요. 여기서 뭔가 하고 싶다고 생각했지요."
모프모나의 새로운 공간인 '모프모나 노 자카 mofgmona no zakka'를 오픈하고 나서는 현 내 작가의 그릇을 기대하고 보러 오는 사람, 관광객, 각자의 생각을 가진 많은 사람들이 찾아온다. 그런데 모프모나 노 자카의 건물이 노후화되면서 2013년 5월, 카페가 입점해 있는 같은 건물 3층으로 이전했다. 나는, 가게는 자기표현이라고 생각한다. 자신이 좋다고 생각하는 세계를 표현하고, 사람들이 그것에 공감해 주는 것에 대한 기쁨을 느끼는 곳. 다른 한편으로 자기표현을 뛰어넘는 변화를 추구해나가는 곳이기도 하다.
"어쨌든 앞으로도 틀림없이 상상하지 못한 일이 일어날 거라는 마음가짐을 갖고, 자연스러운 흐름에 맡길 생각입니다. 그런 과정에서 가게를 처음 만들었던 20대 때 자기표현과는 또 다른 형태의,

마에지마 씨 등이 직접 만든 카페는 오픈한 지 15년이 지났다

저다운 무언가에 가까워질 수 있으면 좋겠어요."
모프모나에는 사람을 기분 좋게 하는 공기가 깃들어 있다. 그것은 가게와 관련된 모든 사람들의 다정한 마음이 축적되어 있기 때문이 아닐까. 그것이야말로 지난 15년 동안 얻은 모프모나의 변화다.

17
New Okinawa Trip
중부 | 기노완시 | 카페

고메야 마쓰쿠라
米や松倉

고슬고슬한 밥이 매력
외국인주택에서 농사꾼이
경영하는 카페

주 소	기노완시 오야마 2-11-26 宜野湾市大山 2-11-26
전 화	098-943-1058
시 간	11:30~19:00 (금·토·일만 야간영업 있음 18:00~22:00)
정기휴일	월요일
주 차 장	있음

논과 산밖에 없는 시골마을에서 태어나고 자란 아사노 하야토 씨. 그가 오키나와에 온 것은 남쪽 지방 섬에 대한 동경 때문이었다. 주택회사 영업과에서 3년 동안 근무한 후, 다른 세계도 보고 싶다는 생각이 들어 도쿄, 오사카를 경유해서 오키나와로 왔다. 아는 사람이 아르바이트를 소개해 주기도 하고 친구도 금세 생겨서, 그대로 오키나와에 눌러앉았다.

살면서 신세를 진 사람들에게 쌀 농가인 본가의 쌀을 선물하곤 했던 것이 시작이었다. 쌀을 나누어주다 보니, 다음에는 사고 싶다는 말까지 듣게 된 것. 어느새 아는 사람들이 창구가 되어 주문 수가 점차 늘어갔다.

그렇다면 제대로 해볼까, 싶은 마음으로 자택에서 주문판매를 시작했다. 가게 이름은 본가 뒤에 있는 마쓰쿠라 산에서 따 와서 '고메야(쌀가게) 마쓰

쿠라'. 인터넷으로 팔기도 하고, 토산품 전시회에서 소개하기도 하면서 더 많은 사람들에게 알리려고 노력했다. 그러다 보니, 홍콩의 판매자와 계약도 하게 되어 자택의 공간만으로는 부족했다. 쌀 창고도 따로 필요해졌다. 2010년 여름, 창고로만 쓰기에는 꽤 큰 공간이었지만, 환경도 좋고 가게도 할 수 있을 것 같아서 지금의 가게 자리를 얻게 되었다. 가게 안은 외국인주택이면서도 어딘가 일본적인 분위기가 났다. 인테리어 업자에게 부탁해 두꺼운 흙벽의 광 같은 분위기를 연출했다. 개점 초에는 쌀만 판매했지만 손님의 요청으로 주먹밥을 제공하기 시작했고, 더 나아가 정식도 판매하게 되었다. "취급하는 건 저희 본가의 쌀뿐이에요. 그게 오히려 산지와 가깝다는 장점이 되었죠."

논 상태를 보면서 필요한 최소한의 양만 생산한다. 그러다 보니 수확률이 낮지만, 손님이 좋아할 만한 일등미만을 꼼꼼하게 포장한다. 부모가 만드는 쌀을 아들이 직접 판매하는 것. 자신은 카페 주인도 아니고 쌀가게 주인도 아니고, 생산부터 판매까지 하고 있는 아사노 家라는 농가의 일원이라고, 늘 생각한다.

오늘은 연어 소금구이 정식을 먹어 보기로 한다. 소금과 누룩에 하룻밤 절여서 구운 연어에 뽕잎 현미 떡주먹, 천연 해조 초무침, 산채나물무침, 직접 담근 된장으로 만든 뜨거운 된장국. 그리고 당연히 질그릇 냄비에 지은 마쓰쿠라의 쌀밥. 논과 산밖에 없는 시골마을에서 계절마다 당연하게 이루어지던 일. 농사꾼들이 일일이 수작업으로 하던 그 일이다. 쌀을 키우고, 된장을 담그고, 정성껏 조리하는 것. 그런 일본의 식문화를 오키나와에서 맛볼 수 있다.

18 무나카타도

New Okinawa Trip
중부 | 기노완시 | 빵

宗像堂

향긋한 빵이 태어나는,
에너지로 가득 찬 곳

RECOMMEND

작년부터 매장에서 먹고 가는 것도 가능해진 무나카타도. 안쪽에는 커다란 대만고무나무가 있는 광장이 있어요. 기분 좋은 곳이니 꼭 가 보세요

간판을 따라가다가 길모퉁이를 돌면, 거기 약간 묻히다시피 눈에 잘 띄지 않는 한 외국인주택이 서 있다. 작은 계단을 내려가면 만나게 되는 '무나카타도'. 가게 안에는 오픈 당시부터 이어져 온 천연 효모를 사용해, 돌가마에서 구워낸 빵들이 진열되어 있다. 식빵이나 바게트 등의 기본 상품에서부터 흑설탕 생지에 호두와 술타나 건포도를 반죽해 넣고 바나나를 듬뿍 사용해 깍둑썰기한 바나나코 크룰레까지. 오키나와다운 재료를 사용한 빵에도 손이 간다.

계단을 내려가서 바로 오른쪽에는 테라스석이 마련되어 있다. 바람이 잘 통하는 그 자리에서는 가끔 라이브 공연이 열리기도 하고, 채소가 판매되기도 한다. 안쪽에는 커다란 대만고무나무가 흔들리고 있다.

무나카타 요시오 씨와 미카 씨가 무나카타도를 연 것은 14년 전의 일.

"효모, 재료와 대화해요. 귀, 눈으로 모든 것을 느끼면서 작업합니다. 빵 반죽에는 되도록 많은 균이 들어 있는 게 좋아요. 그것들이 동시에 존재하면서 맛있다는 목적을 위해 공존하죠. 산소를 좋아하는 것도 있고 싫어하는 것도 있지만, 서로를 존중하지 않으면 맛있는 빵이 될 수 없어요."

월요일, 목요일, 토요일이 빵을 굽는 날. 일요일 새벽에 효모를 준비하는 데서부터 시작해서 밤 11시까지 성형, 가마에 불을 지핀다. 그러고 나서 한 번 쉬었다가 월요일 새벽 3시 반부터 다시 불을 지피고 성형, 이어서 굽기에 들어가 아침 11시에 모든 빵이 가게에 진열된다. 한 번에 이틀치의 빵을, 신뢰하는 스태프와 함께 구워낸다.

"우리의 좌우명은 '넷에게 좋다'는 건데요. 만드는 사람과 사는 사람, 스태프, 사회 모두에게 좋은 일을 한다는 것을 행동이념으로 빵을 만들고, 가게도 꾸려 나가고 있어요. 이걸 문화로 뿌리 내리게 할 수 있다면 제게 활기를 준 오키나와에 은혜를 갚는 게 되지 않을까 싶습니다."

무나카타도가 오픈한 것은 천연효모나 하드 계열 빵이 오키나와에 그다지 알려지지 않았을 무렵이다. 그런 상황에서 이 땅에 뿌리를 내리고 가게를 계속해 나가는 데에는 수많은 고생이 있었을 것이다. 하지만 그런 부정적인 에너지는 어디에도 보이지 않는다. 무나카타도는 이미 그런 것들을 뛰어넘은 곳에 와 있다.

"산다는 것=빵을 만드는 거예요. 제각각인 것 같지만 모든 게 연결되어 있죠. 그러니까 일상이 소중해지고, 일상을 소중히 하니까 맛있는 빵을 만들 수 있는, 그런 사이클이 생기는 거고요. 지금은 한 순간 한 순간이 행복합니다."

무나카타도를 만드는 어느 장면을 잘라내도, 거기에는 행복의 에너지가 가득 차 있다. 그러니 이곳은 작은 에너지 스폿이 아닐까?

주 소	기노완시 가카즈 1-20-2
	宜野湾市嘉数 1-20-2
전 화	098-898-1529
시 간	10:00~18:00
정기휴일	수요일
주차장	9대

멀리까지 여행을 온 보람이 있었다고
누구나 생각하지 않을까.
짙은 녹음과 검푸른 하늘과 바다.
풍부한 자연과
그 자연에 둘러싸인 가게에서
천천히 흐르는 시간에 몸을 담그면
마음이 스르륵 풀려 가는 것 같다.

2

New Okinawa Trip

HOKUBU

오키나와 ────▶ 북부

19 New Okinawa Trip
북부 | 나키진손 | 숙소

SOMOS
소모스

'여행'이라는 삶을 즐기는,
작은 마을 언덕에 자리 잡은 숙소

오키나와 본섬 북부에 있는 나키진은 신기한 곳이다. 도시에 있는 역 주변 같은 상점이 모여 있는 곳도 없고 '나키진 성터'는 있지만 하루 종일 즐기고 놀 만한 특별한 관광지도 없다. 오래된 망고스틴나무가 지켜주는 작은 마을과 주민들에게 사랑받는 예쁜 해변 정도, 멀지도 가깝지도 않은 적당한 거리로 가게나 숙소들이 여기저기 흩어져 있을 뿐이다. 딱히 잡히지 않는 모호하고 느긋한 분위기가 마음에 들어서 이주하는 사람들이 많은 신기한 매력이 있는 장소다.

마을에서 '가네시兼次'라고 부르는 언덕 위에 있는 'somos'라는 이름의 숙소가 있다. 계단을 오르면 보이는 빨간색 기와지붕과 빨간색 문이 인상적인 건물이 식당이고, 안쪽에는 주인장인 이토 히데키 씨와 아이렌 씨 가족이 살고 있다. 부드러운 흙빛 회반죽벽과 목제 가구. 때론 뛰

어다니는 아이들. 커다란 창을 통해 바다로 빠져나가듯 바람이 불고, 볼을 쓰다듬고는 나무를 흔든다. 2개밖에 없는 객실에서는 바다를 향해 열리는 창밖으로 가슴이 탁 트이는 풍경을 볼 수 있다.

미에 현이 고향인 히데키 씨는 여행가로, 미국에서 대학을 다닐 때 지낼 곳이 없어서 반년 정도 유스호스텔에서 지낸 적이 있었다. 세계 여러 나라의 사람들이 오가는 분위기가 좋아서 언젠가 제대로 된 일을 하게 된다면 숙박업을 하고 싶다는 막연한 생각을 했다고 한다. 대학 졸업 후 백팩을 메고 쿠바로 갔고, 부인인 아이렌 씨를 만났다. 쿠바나 코스타리카에서 숙박업을 해보려는 생각을 했지만 여러 사정 때문에 어려웠고, 온나손 마을 펜션에 일자리가 생겨서 오키나와로 왔다.

요리는 Rinco Star 씨가 담당. 몸에 좋은 요리를 만든다

사람과 사람이 엮어 가는

살면 살수록 따뜻한 기후와 느긋함에 끌렸다고 한다. 숙소를 열기 위해서 부동산 정보를 통해 임대 건물을 찾아봤지만 수년 동안 찾지 못했다. 결국 자기 발로 뛰면서 찾으려던 찰나에 지금의 장소와 만나게 됐다. 차로 지나가다가 눈에 띈 목초지를 보고 좋다는 생각이 들어 땅주인을 찾아가 교섭한 끝에 사게 되었다. 처음 생각한 이미지로는 '스트로베일 하우스(짚으로 지은 집)'

를 지을 생각이었다. 정말이지 어려웠지만 블록과 전기, 수도만 업자에게 맡기고 골조 상태에서 가타치(P96)의 팝 씨와 둘이서 1년 반 동안 창호, 회반죽 칠 등을 직접 했다. 쿠바 콜로니얼 양식과 오키나와 분위기를 융합한, 대지 모양과 어울리는 건물이 완성된 건 오키나와로 온 지 6년이 지난 때였다.

Somos의 아침식사는 근처 가타오카 농장의 채

Domingo(일요일)라는 객실

소로 만든 건강식 메뉴다. 요즘에는 집에서 만든 빵과 패션후르츠를 넣은 비건 버터, 병아리콩과 감자로 만든 인도풍 크로켓, 제철 채소 샐러드, 감자와 갯기름나물 포타주 그리고 디저트는 두유와 캐시넛, 검은깨 아이스크림이 나온다.

"손님이 편안하게 지내면 좋겠어요. 숙소는 여러 사람들과 만날 수 있어서 즐겁기도 하고 나도 여행 중인 기분이 들어요. somos는 영어로 'we are'. 인류는 모두 형제자매라는 의미로 지었어요." 부드럽고 누구나가 평온함을 얻을 수 있는 곳. 바로 somos라는 이름의 작은 집.

주　　소　나키진손 가네시 271-1
　　　　　今帰仁村兼次 271-1
전　　화　0980-56-1266
홈페이지　http://somos-okinawa.com

다마모토 가의 부엌에는 생활감 있는 나무 식기가 가득

20 　New Okinawa Trip
북부 | 히가시손 | 목공

다마 목공상점
たま木工

오키나와의 나무에서 태어나는
부드러운 커브의 식기

자택 옆에 있는 작은 공방에서 나설 차례를 기다리는 컵 틀

참가시나무와 후피향나무, 멀구슬나무와 포모사 아카시아, 굴거리나무… 오키나와에서 자라는 여러 나무를 이용해 포크, 숟가락, 그릇, 커팅보드를 만들고 있다. 다마모토 도시유키 씨는 올해로 40세가 되는 목공예가. 말수는 적고, 투박한 손을 가진 사람. 그 손에서 태어나는 작품들은 나무 자체의 체온을 그대로 담고 있는 것처럼 부드럽고 따뜻하다.

다마모토 씨가 사는 곳은 오키나와현 북부의 히가시손 다카에라는 얀바루의 숲 깊숙이 위치한 마을이다. 이곳에 다마모토 씨가 2년의 세월에 걸쳐 직접 지은 자택이 있다. 가족은 아내 가요 씨와 딸 하나메, 다마모토 씨가 목공의 길을 걷기 시작한 것은 2004년에 현 내 공예지도소에 다녔을 때부터. 나무는 다마모토 씨에게 친숙한 소재다. 위패 만드는 일도

했고, 틈틈이 자신의 작품을 만들기도 했다. 그러나 가구를 만들어도 좀처럼 팔 곳이 없었다. 그러다가 어느 잡지에서 힌트를 얻어 나무 스푼을 만들어 보기로 했다. 시행착오를 겪으며 완성시켜, 이벤트 때 판매해 보니 반응이 꽤 좋았다. 그 후로는 포크, 숟가락, 그릇 등 식탁 주변의 도구를 중심으로 현 내 잡화점이나 이벤트에서 판매하고, 주문 가구를 제작해 왔다.

차근차근 꾸준히 지어나간 그의 집. 집의 현관을 들어서면 먼저 넓은 거실이 있다. 거실의 테이블도 책장도, 부엌에 설치되어 있는 귀여운 카운터도 물론 전부 도시유키 씨가 직접 만든 것. 그것은 얀바루의 깊은 녹음에 안겨 조용히 조화를 이룬다. 작품을 처음 만들 때마다 도시유키 씨는 가요 씨에게 의견을 구한다. 그렇다고 가요 씨가 이래라 저래라 하지는 않는다. 다만, 뚜렷한 생각 차이가 있을 때는 뭔가 이게 아니라는 말만 전한다. "형태 자체에 인간성이 나타난다고 생각해요. 생각이 작품에 더 나타나

하나하나 손으로 완성시킴으로써 부드러운 촉감이 생겨난다

얀바루의 나무들을 등지고 있는 자택에서

야 하죠."
다마모토 씨는 부루퉁한 표정으로 공방에 돌아가, 다시 나무와 마주한다. 마음과 머릿속에 있는 더 좋은 이미지들이 형태로 나올 때까지. "최근에야 겨우 자신감을 가질 수 있게 되었어요." 하며 다마모토 씨는 웃었다. 반복해서 만들고, 진지하게 마주하는 자세가 조금씩 다른 사람들에게 전해지는 행복을 느낄 수 있게 된 것이리라.

다마모토 씨는 이곳을 찾아와 주는 사람들을 위

해 자신의 집 옆에 새로운 전시실을 만들고, 그 주 위에 나무 데크를 만들 거라고 한다. 자택 뒤로 한없이 펼쳐져 있는 얀바루의 산들과 깊은 녹음을 바라보며 사람들이 커피 한 잔을 마실 수 있게 하고 싶어서다. 다마 목공상점의 작품은 넘칠 듯한 자연 속에서 가족과 나무를 마주하는 정성, 그 속에서 태어난다.

1 오키나와 본섬 북부의, 산과 삼림 등 자연이 많이 남아 있는 지역을 가리키는 이름. 한자로는 山原이라고 쓴다

주　소	히가시손 다카에 98-1 東村字高江 98-1
이 메 일	info@tamamoku.net

※상품에 관한 문의는 메일로.

21 New Okinawa Trip
북부 | 나키진손 | 카페

카페 고쿠
カフェこくう

하늘과 바다의 푸른색이 어우러지는
기와지붕집에서
얀바루의 채소를 듬뿍

'고쿠'에 다다르면 누구나 할 말을 잃는다. 그 앞에 펼쳐져 있는 하늘과 바다의 광대한 풍경에. 멀리로는 이제나지마 섬과 이헤야지마 섬이 보인다. 가게 문을 열면 그 절경을 즐기기 위해 크게 창이 나 있고, 나무의 순수한 감촉으로 채워진 공간이 눈에 들어온다. 카운터 안쪽, 주방을 지키는 사람은 구마가야 유스케 씨, 유키코 씨 부부다. 말은 거의 필요하지 않다. 물 흐르듯이 움직이며 음식을 만들어 낼 뿐. 그들이 식탁 위에 올린 것은 '고쿠 플레이트'. 인근 얀바루의 농가에서 무농약이나 유기농, 자연농법으로 키운 채소를 아낌없이 사용한 플레이트다.

'IDEA닌벤'이 제작한 숍카드. '고쿠'에 담긴 마음이 표현되어 있다

어느 날의 고쿠 플레이트/샐러드, 채소절임, 차이오티 새순과 파프리카 무침, 시금치, 버섯당근 두부무침, 무말랭이, 크레송, 오이, 유채와 당근 나물, 오이와 차이오티, 토마토, 목이버섯찜, 방풍나물과 당근 잎과 양파, 한다마와 셀러리 잎 튀김, 된장국, 효소현미

두 사람이 오키나와에 이주해 온 것은 9년 전의 일. 원래 오키나와의 분위기를 좋아해서 언젠가는 이곳에서 살고 싶다고 생각하고 있던 유스케 씨가, 가족여행을 와서 오키나와의 매력을 유키코 씨에게 전했고, 실제로 이주를 한 것은 그로부터 겨우 두 달만에 벌어진 일이었다. 사근사근한 태도의 유스케 씨, 평소에는 자신의 의견을 밀어붙이는 경우가 별로 없지만 이때는 달랐다. "오키나와에서 살기로 결심하고 나니 더 이상 참을 수가 없었어요."

유스케 씨는 '단둘이 할 수 있는 가게'의 장소와 건축을 의뢰할 설계사를 찾기 시작했다. 그리고 그로부터 2년여 만에 믿을 수 있는 설계사와 땅을 찾았다. (그 사이에 유키코 씨가 둘째 아이를 임신, 꼭 집에서 출산하고 싶다는 그녀의 희망에 따라 유스케 씨는 하던 일도 그만두었다.) 그 장소는 흔히 말하는 세컨드라이프를 위해 매물로 나온 절경의 분양지. 마침 와서 검토하고 있던 장

커다란 하늘 아래, 두 사람은 호흡을 맞춰
요리를 만들어낸다

한 사람 한 사람에 대한 대접을 소중히

소였는데, 또 다른 지인도 같은 곳을 소개해 주었다. 인연은 인연이었던 듯. 그러나 자신들조차 이런 곳에 사람들이 와 줄까 싶을 정도로, 주위에는 아무것도 없었다.

장소를 찾고 나서는 목표지점이 보였기 때문에 출산을 하거나 직장이 변경되어도 큰 불안은 없었다. 이주하기 전에는 일만 했으니 가족의 시간을 좀 제대로 갖고 싶었다. 할 수 있는 일을 페이스에 맞춰 해 나가고 싶었다. 가게 만드는 일도 즐기고 싶었다. 2011년 12월부터 3월까지의 기간 동안은 주말만 사전오픈하는 형식으로 시운전했다. 그리고 2012년 4월 1일에 정식으로 문을 열었다.

가게 내용에 대해서는 부부가 가끔 부딪칠 때도 있다. 원래 마크로비오틱을 실천하고 있던 유키코 씨는 같은 콘셉트로 요리를 내놓고 싶다. 하지만 유스케 씨는 우선 많은 사람들이 음식을 즐길 수 있게 하고 싶다. 테마를 정하지 말고, 채소를 좋아할 수 있게 되는 음식을 제공하자고 이야기했다. 생계를 생각해서 영업시간을 늘리고 싶다는 유스케 씨와, 가족의 시간을 더 소중히 하고 싶은 유키코 씨. 당초에는 주 1회 휴일로 시작했지만 지금은 주 2회 휴일. 일요일은 가족의 날이다. 그 날 만큼은 가족과 함께 지내고, 놀고, 외출한다. 그리고 월요일은 가게를 청소하고 재료를 구입하는 날로 정했다. 가족을 소중히 여기는 마음과 손님 한 사람 한 사람과 얼굴을 마주하고 만남을 소중히 여기는 가게여야 한다는 점에서는 두

사람의 마음이 하나다. "스태프를 고용한 적도 있었지만 무리하게 회전수를 올리는 것보다 장기적인 눈으로 보고, 우리 둘이서 손님 한 사람 한 사람을 제대로 대접해서 만족시켜 드리는 게 더 좋다고 생각했어요."

재료 구입이 끝난 오픈 직전의 11시 경에는 두 사람이 함께 음식을 먹으면서 절경을 독점한다. 그리고 점심 피크 시간이 지나 아름다운 석양이 찾아올 무렵에도 두 사람만의 시간을 갖는다. "일상과 일은 분리하면서도, 보이는 범위에 가족이 있다는 안도감이 있어요. 주위 사람들이 아이에 대해서 이해심을 갖고 있고, 육아 환경도 좋지요. 자연이 많아서 아이들은 정말 잘 놀아요."

여기에 있자. '각오를 했다'지만, 두 사람의 표정에는 오기라곤 없었다. 오히려 부드러움 속에서 강한 의지가 빛났다.

주 소	나키진손 쇼시 2031-138
	기보가오카 내
	今帰仁村諸志 2031-138
	希望ヶ丘内
전 화	0980-56-1321
시 간	11:30-18:00
정기휴일	일·월요일
주차장	20대

22 시마 도넛

New Okinawa Trip
북부 | 나고시 | 도넛

しまドーナッツ

섬의 은총으로 만들어진
소박한 맛의 섬 도넛

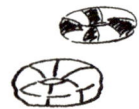

매일 구워지는 도넛은 지마미¹나 자색고구마 등 10종류

도넛은 귀엽다. 그 모양만으로도 무조건 사람을 따끈따끈하게 만들어 버릴 것 같은, 조금 치사할 정도의 귀여움이 있다. 그런 도넛에 안전한 식재료를 사용해 사랑까지 담뿍 담아냈다면, 누가 좋아하지 않을 수 있을까?

'시마 도넛'은 나고시의 시가지에서 조금 떨어진 곳에 있는 하얗고 작은 기와집 가게. 시마 두부²의 비지를 베이스로, 자색고구마나 지마미(땅콩) 등 오키나와 재료를 사용해 소박한 맛의 도넛을 구워낸다.

가게 주인 야마모토 마호 씨는 오사카 출신. 오키나와에 여행 왔다가 그 분위기에 매료되었다. 다니던 직장을 퇴직하고, 오사카 이외의 곳에서 한번 살아보자는 생각에 오키나와로 왔다. 살다 보니, 알지 못했던 새로운 매력도 깨달았다. "시간이 천천히 흐르고, 사람들이 따뜻하고, 사람과 사람의 관계가 깊다는 걸 느꼈어요."
나하의 레스토랑이나 카페에서 조리 일을 하고 있을 때, 인테리어 업자인 남편을 만나 결혼도 했다. 두 사람은 기왕 오키나와에 살고 있으니 아이를 위해서라도 자연이 조금 더 풍부한 곳에서 살자고 뜻을 모아 얀바루로 이사를 왔다.
남편이 우연히 맘에 쏙 드는 가게 자리를 찾아낸 것을 계기로 '가게를 갖자'는 꿈이 움직이기 시작했다. 하자, 고 마음을 먹고 나자 엄청난 속도로 일이 진행됐다. 가게 자리를 빌리고 나서 한 달 만인 2013년 1월에 오픈했을 정도.
야마모토 씨에게는 아이가 셋이다. 스태프들도 아기를 둔 엄마들. 덕분에 작은 가게 안에는 기저귀를 갈 수 있는 공간도 있고, 아이를 데리고 오기도 쉬운 분위기다. 어린이집에 아이를 맡겼다가, 가게 문을 닫은 후에 데리러 간다. 그렇게 할 수

스태프는 모두 아기를 둔 엄마들. 엄마들 특유의 부드러운 분위기가 가게 안에도 배어 있다

있도록, 가게 문은 오후 3시면 닫는다.
"또 먹고 싶다고 생각되는 도넛을 만들고 싶어요. 필요한 것은 가능한 직접 만들 수 있는 생활을 하려고 노력하고요. 앞으로 아이들에게 좋은 미래를 물려주고 싶다는 꿈이 있죠."

1 오키나와 방언으로 땅콩이라는 뜻 2 '시마'는 '섬'이라는 뜻. 시마 두부는 오키나와에서 만들어지는 단단한 두부를 말한다. 일반적으로 두부를 만들 때는 콩물을 끓인 후 걸러서 만들지만, 시마 두부를 만들 때는 콩물을 날것 그대로 걸러서 간수를 넣은 후에 끓여서 만든다

주　　소　나고시 이사가와 270
　　　　　名護市伊差川 270
전　　화　0980-54-0089
시　　간　11:00~15:00 (품절되는 대로 종료)
정기휴일　공휴일
주 차 장　있음

| | 실내 공사는 인테리어 업자인 남편이 맡았다. 시마도넛과 어딘지 닮은 온화한 느낌 |

주　　소	나고시 운텐바루 522
	名護市運天原 522
전　　화	0980-52-8200
시　　간	11:00~17:00(토요일은 16:30까지)
정기휴일	월요일
주 차 장	5대

23 New Okinawa Trip
북부 | 나키진손 | 카페·잡화

카란 CALiN
카페 + 잡화

カランカフェ+ザッカ

작은 섬에 나타난
다정함이 가득한 카페

RECOMMEND

알려지지 않은 인기 메뉴 '도넛 파르페'(410엔). 토핑으로 올린 도넛 러스크 냄새가 고소하다

'야가지시마'이라고 하면, 낯설게 느끼는 사람들이 많을지도 모른다. '고리지마'는 섬으로 넘어가는 '고리 대교'의 절경과 오키나와에서도 손꼽히는 아름다운 해변이 있어서 관광객들에게 인기가 많은 섬이다. '야가지시마'는 '고리지마'를 가기 위해 지나가는 곳이다.

사탕수수밭이 펼쳐지는 소박한 풍경이 이어지는 이 섬에 선명한 블루가 눈에 띄는 카페가 오픈했다. 사실 이곳은 먼저 소개한 '시마 도넛' 2호점이다. 고리 대교를 건너기 전에 옆길로 빠져서 조금 더 가면 오래된 민가를 개조한 가게와 만날 수 있다. 하얀 기와지붕에 파란 벽. 문을 열면 카운터에는 낯익은 도넛이 진열되어 있고 오키나와 북부 지역을 중심으로 활동하고 있는 오키나와 작가들의 도자기와 잡화, 드라이플라워 등이 놓여 있다. 커다란 창으로는 남국의 햇살이 쏟아지고, 카페 공간은 고 민가의 작은 창을 통해 부드러운 빛이 들어온다. 나무와 흙벽의 온기가 이곳을 찾은 사람들 따스하게 감싼다.

주인장인 야마모토 마호 씨가 이런저런 사정으로 시마도넛을 옮길 곳을 찾다가 이곳을 발견했다고. "시마 도넛은 테이크아웃 가게라서 여유롭게 즐길 수 있는 장소를 만들고 싶었어요. 우리들과 손님, 또 손님들끼리도 교류하고 편하게 쉴 수 있는 그런 곳이요."

요리에는 자신이 없다고 겸손하게 말하지만 "집에서는 잘 만들지 않는 것이에요."라며 파르페에 올릴 아이스크림도 직접 만들고, 조미료까지 직접 만든다.

"있으면 좋을 텐데 하고 생각한 것을 솔직하게 만든 것뿐이에요." 이곳은 야마모토 씨의 순수한 따뜻함이 넘치고 그래서 찾는 손님들도 온화한 기분이 든다.

24 New Okinawa Trip
북부 | 기노자손 | 과자

kino store
키노 스토어

동네와 잘 어우러지는
작은 구멍가게처럼

한가로운 풍경이 묻어나는 북부의 마을 '기노자손'. 국도를 벗어나 마을 안으로 들어가면 벽돌로 만들어진, 주위 풍경에 비해 조금 도드라진 건물을 만날 수 있다. "우리는 이주자니까, 그걸 숨기고 억지 조화를 이루려고 하기보다는 이질감을 일부러 남겨두려고 했어요. 그 자체를 또 재미있어 하실 수도 있잖아요."

12년 전, 주인장 마키노 사쿠라 씨는 남편 요스케 씨와 함께 오키나와로 이주해 왔다. 눈 돌아갈 듯 바쁜 매일매일을 보내면서, 문득문득 의문이 생기기 시작했다. 보다 나다운 삶을 살고 싶다는 열망이 깊어져 결국 이주를 결심했다. 요스케 씨는 리조트 호텔에 일자리를 얻고, 기노자손에 집을 구입했다. 아이도 생겼다. 그런데 요스케 씨의 호텔 일이 바빠서 가족과의 시간을 내지 못하는 상황이 거듭됐다. 나다운 삶을 살기 위해선 다른 일을 찾아야 한다는 것에 생각이 닿았다. 그리고 그 결과가 '키노 스토어kino store'다. "동네 구멍가게처럼, 그 마을에 뿌리를 내리고 누구든 마음 편히 물건을 살 수 있는 가게가 되었으면 좋겠어요."

오픈은 2012년 10월. 13~14 종류의 과자를 혼자서 굽기 때문에 화요일과 수요일은 아침 8시부터 저녁 6시까지, 목요일과 금요일에는 새벽 5시부터 밤 24시까지 준비를 한다. 목요일과 금요일에는 호텔을 퇴직한 요스케 씨가 카운터를 본다. 토요일에는 다음날 영업을 하지 않아 준비할 것이 없기 때문에 사쿠라 씨도 카운터에 선다. 영업일은 주 3일이지만 쉴 수 있는 것은 주 2일 정도뿐. 그래도 가게와 창문 하나를 사이에 두고 집 거실이 이어져 있기 때문에 좋다. 유치원이 쉬는 토요일에는 아이들의 목소리가 가게까지 새어 들어온다. 그렇게 가족을 곁에서 느끼며 가족과의 시간을 많이 가질 수 있는 지금의 라이프스타일에 그녀는 만족하고 있다. 키노 스토어를 시작하면서 요스케 씨는 호텔을 그만두었다. 하지만 그때보다도 수입은 오히려 조금 늘었다.

손님들은 문을 열고 들어와 과자를 보면서 환성을 지른다. 그리고 두 사람은 큰 인사로 답하고, 잘 웃는다. "오키나와는 사람들이 따뜻하고 자연이 풍부하고 별도 예쁘죠. 잡음이 없어서 굉장히 조용한 것도 마음에 들어요. 육아에도 좋은 환경이고요."

기노자손에 나타난 색다른 가게 하나가 곧 마을의 개성이 될 것임에 틀림없다. 아이들이 들르고, 할아버지와 할머니가 오가며 키노 스토어의 과자를 맛있게 먹는 모습이 눈앞에 떠오르는 것 같다.

모양도 귀여운 과자들. 선물로 사가면 받는 사람도 틀림없이 기뻐할 것이다

한가로운 풍경 속에 불쑥 나타나는 빨간 지붕이 키노 스토어의 표식이다. 레몬 케이크와 머핀, 스콘 등 13~14종류의 과자가 진열되어 있다

주　소 기노자손 기노자 443
　　　　 宜野座村宜野座 443
전　화 098-968-6036
시　간 10:00~17:00
영업일 목·금·토요일
주차장 있음

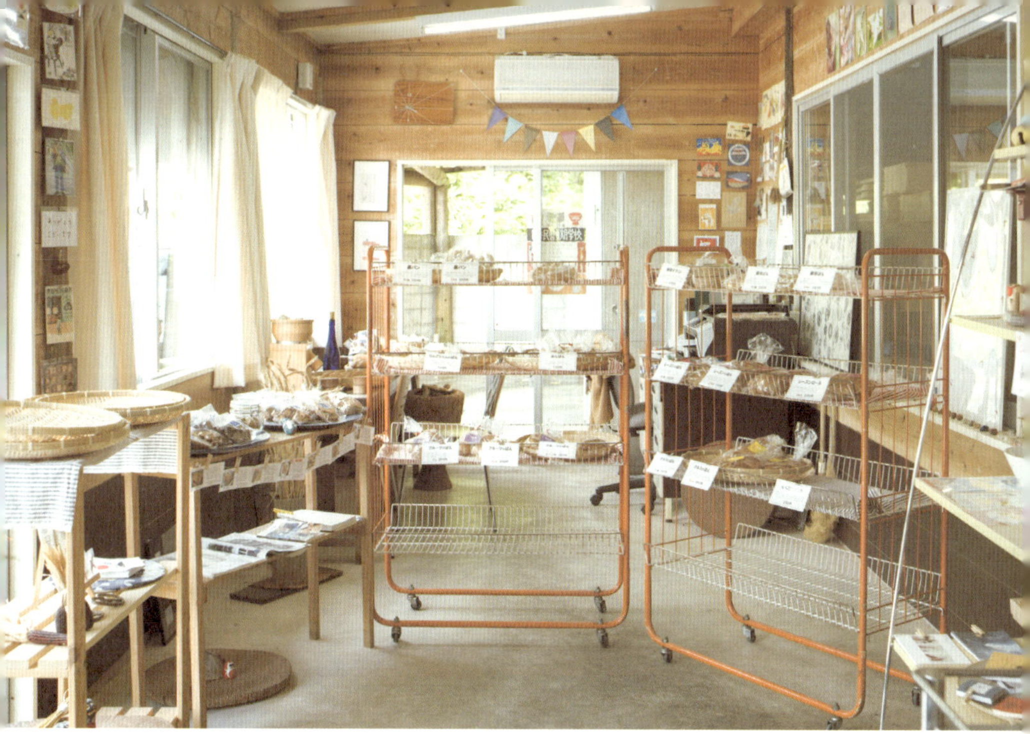

빵이 전부 구워지는 12시쯤 가보세요

25 New Okinawa Trip

북부 | 모토부초 | 빵

야에다케 베이커리

八重岳ベーカリ

'고마움'의 마음이 만들어내는,
깊은 맛의 야에다케산産 빵

RECOMMEND

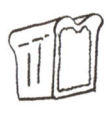

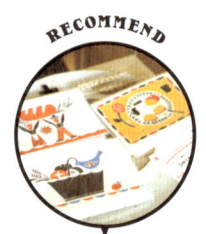

로고를 그린
일러스트레이터 마쓰에 마이코 씨의
빵 카드도 귀엽다

누구보다도 일찍 공방에 나오는 유스케 씨

오키나와현 북부, 모토부초. 야에다케 산의 산자락에, 똑같은 이름의 빵가게가 있다. '야에다케 베이커리'. 아침 6시면 주인장 오하라 유스케 씨는 그 가게보다 조금 위에 있는 자신의 집을 나선다. 누구보다도 일찍 공방에 나와, "고맙습니다. 오늘도 좋은 빵을 구울 수 있게 해 주세요." 하며 잠시 눈을 감는다. 이윽고 스태프가 모이고, 다함께 기도의 시간을 가지며 마음을 모은다. 지금이나 옛날이나 한결같다. 야에다케 베이커리는 매일 아침을 이렇게 연다.

1977년에 창업한 야에다케 베이커리. 현재 가게 주인을 맡고 있는 오하라 유스케 씨는 오사카 출신이다. 교토의 광고대리점에서 일하던 유스케 씨. 도쿄 지사로 파견되었다가, 28세의 나이에 외국계 보험회사로 직장을 옮기기로 결심한 후 여행을 떠났다. 오토바이로 일본 전국을 돌다가 마지막으로 도착한 곳이 오키나와. 차를 빌려 오키나와 전역을 돌았다. 야에다케 산에 있는 카페를 찾아가려다 길을 잃은 유스케 씨는 우연히 야에다케 베이커리를 지나게 되었다. 그런데 왠지 모를 끌림이 있었다. 일부러 차를 돌려 이튿날 아침 식사용 빵을 사러 들어갔다. 주인장 히가 에미코 씨를 만나, 어쩐 일인지 운명처럼 그 집에서 하룻밤 신세를 지게 되었다. 이 만남을 통해 도시적인 것과는 전혀 다른 가치관을 알게 되고, 감동 받게 된다. 그리고 "제가 이제 나이도 있으니까, 빵집을 물려받아줄 수 있는 친구가 있으면 소개해 줘요."라는 히가 씨의 한 마디가 마음 깊이 맴돌았다. 도쿄로 돌아왔을 때는 이미 어딘가 모든 것이 낯설어져 있었다. 마음을 다잡으며 보험회사 입사식에 참석했지만 경쟁이나 자기주장, 긴장된 세계에 모든 것이 불편했다. 자신의 인생은 여기

야에다케 베이커리

스태프 모두가 감사하는 마음을 모아 꼼꼼하게 작업

에 없다고 느껴졌다. 놀랍게도 그 다음날 유스케 씨는 곧장 퇴직해버린다. 같은 때에 우연히 히가 씨에게서 한 통의 전화가 걸려왔다. 그 목소리를 들었을 때 유스케 씨의 마음은 확고히 정해졌다고. 주변 반대도 많았지만, 유스케 씨는 다 무릎쓰고 야에다케 베이커리로 뛰어들었다.

빵에 대한 지식은 전혀 없이, 야에다케 베이커리에서 일하게 되었다. 당시 도쿄에서 살던 아내 유코 씨에게 자료를 보내 달라고 해, 공부하면서 매일 빵을 만들었다. 그러다가 천연효모빵으로 유명한 '르방'의 고다 미키오 씨 책을 만났다. 보다 자연에 가까운 빵의 존재를 알게 된 것. 고다 씨가 빵을 만드는 자세에 공감한 유스케 씨는 "3년 후에 돌아오겠습니다."라고 약속하고 르방으로 빵을 배우러 간다. 결국 그곳에서 4년 반의 수업기간을 거쳐, 그는 다시 오키나와로 돌아왔다. 자신에게 새로운 삶의 방식을 가르쳐준 야에다케와 오키나와에 대해 은혜를 갚고 싶다는 마음 때문이었다.

그는 야에다케의 물, 오키나와의 소금을 사용한다. 그리고 밀가루 자급을 목표로 밀을 키우기 시작했다. 이 산에서 풍부하게 얻을 수 있는 시콰사와 벚나무의 명소이기도 한 야에다케의 버찌. 이들로 만든 효모를 배양시켜 첨가했다. 새로운 시도인 자가제 효모 빵은 바로 '이곳의 힘을 빌려 만든' 야에다케에서 태어난 빵.

재료와는 별도로 유스케 씨가 빵에 꼭 담고 싶은 것이 있다. 그것은 바로 마음. 빵을 통해 그 순간 그 자리의 공기, 만드는 사람의 마음이 전해진다. 한 입 베어 먹으면 입 안 가득 야에다케의 자연을 느낄 수 있는 빵, 틀림없이 파릇한 기운이 솟아날 빵. 야에다케 베이커리의 빵이다.

주　　소　모토부초 이즈미 1254
　　　　　 本部町字伊豆味 1254
전　　화　0980-47-5642
시　　간　10:00~18:00
영 업 일　빵 일·화·목요일
　　　　　쿠키 월·수·금요일
주 차 장　30대

092 - 093

26 다무라가마
New Okinawa Trip
북부 | 오기미손 | 도예

田村窯

바다가 내려다보이는 공방에서 태어난 아름다운 '야치문'

주 소	오기미손 쓰하 57-2 大宜味村津波 57-2
전 화	0980-44-1908
시 간	10:00~18:00 (12:00~13:00은 점심시간)
정기휴일	부정기적으로 휴점 (사전에 연락해 보는 게 좋음)
주 차 장	있음

커다란 하늘 밑, 느긋한 마을 외곽의 다무라가마. 멀리 바다가 보이는 풍부한 자연환경에서, 다무라 마사토시 씨와 마이코 씨 두 사람의 야치문은 태어난다

마사토시 씨가 오키나와에 온 것은 14년 전의 일이다. 그는 느긋한 수작업에 매료되어 오키나와로 오게 되었다. 그래서 실은 다른 도예에 대해서는 잘 모른다고. 오직 오키나와의 야치문을 만들고 싶다는 열망만이 뜨거웠다. 그것이 29세 때의 일. 도예를 시작하기에는 약간, 아니, 꽤 늦은 나이였을지도 모른다.

"젊을 때부터 도예만 해왔던 것이 아니라 사회를 경험하고 나서 도예를 시작했잖아요. 그런 부분의 경험이 작품을 만드는 데 오히려 밑거름이 될 수 있는 것 같아요."

그 후 6년 동안 요미탄손에 있는 기타가마 공방에서 도예를 배웠다. 오키나와다움이 무엇인지 느낄 새도 없이 집과 공방만을 오가는 하루하루를 보냈다.

지금의 아내 마이코 씨가 오키나와에 온 것은 그로부터 3년 후였다. 에히메현 출신으로, 오키나와에 오기 전 그녀는 평범한 사무직으로 일하고 있었다. 에히메현은 도예가 발달한 지역이다. 덕분에 무언가를 만드는 데 흥미가 있었던 마이코 씨는 우연찮은 기회에 한 도예가를 만났다. 그리고 그를 통해 지금까지 취미로밖에 생각하지 않았던 도예를 직업으로 삼을 수 있는 가능성이 있다는 사실을 알게 되었다. 그 후부터 도예 일을 하고 싶어 여러 산지를 돌았다. 어디에서 도예를 배울지 찾아다니다가, 한 지인의 갤러리 대표로부터 오키나와를 소개받았다. 그리고 그곳에서 야치문의 매력에 빠져들었다. 그것이 그녀 나이 29세 때의 일이다.

야치문을 통해 인연을 맺은 두 사람은 기타가마에서 만나

1 작업 중, 두 사람은 같은 방향을 향해 앉는다

결혼했고, 2010년에 '다무라가마'라는 공방을 열었다. "야치문은 오키나와에서만 만들 수 있어요. 오키나와의 재료를 사용해야 하는 것도 그렇고, 오키나와의 환경도 야치문에 포함된다고 생각하거든요." (마사토시 씨)
오키나와에 공방을 갖기로 결정한 뒤, 자신들의 오름가마를 만들고 싶어서 가능한 장소를 찾아다녔다. 온나손, 나고시 등의 지자체도 돌아보았지만 좀처럼 상대해 주지 않는 상황이 계속되었다. 그때 자기 일처럼 나서준 오기미손의 공무원이 있었다. 자신의 업무가 아닌데도 가게 자리 찾는 일을 도와주었다. 그와의 인연으로 오기미손에 공방을 갖게 되었다. 장소는 원래 잡목림이었던 산 중턱. 그곳에 땅을 다지고 공방과 집을 지었다.

"자연에 둘러싸여 있고 사람들도 느긋하죠. 정이 들면 고향이라고, 우리들한테 잘 맞는 것 같아요. 바다의 색깔이 변하거나 새 울음소리가 바뀌는 것을 통해 계절의 변화를 느끼며 살죠. 유약의 원료(목탄)도 구하기 쉽고, 일도 하기 쉬워요."
접시나 공기 등 평소에 사용하는 생활자기를 제작한다. 전통적인 야치문을 베이스로 다무라가마의 개성을 조금 더한 것이다. 큰 물건은 마사토시 씨가 담당하고 여섯 치 이하의 그릇 등은 마이코 씨가 만든다. 현재는 현 바깥을 중심으로 갤러리나 그릇가게, 그 외 기획전 등에 작품을 납품하고 있다.
조금씩 자신들의 환경을 갖추고 오키나와 땅에 익숙해져 가다 보면 자신들의 개성도 자연스럽게 작품에 녹아날 거라고, 두 사람은 믿는다.

1 경사지게 만든 도자기 굽는 가마

가타치와 하코니와가 바로 가까이에 있는 이즈미는 맛있는 국수가게와 카페 등 가볼 만한 곳도 많은 지역. 5월경에는 요헤나 수국원도 추천

27
New Okinawa Trip
북부 | 모토부초 | 잡화

가타치
Katachi

조용한 산기슭의 가게
고양이와 닭, 작은 밭

국도를 벗어나 샛길로 들어간다. 거기서 또 좁은 비포장 길로 들어간다. 그러면 사방이 산에 둘러싸여서 그곳만 뻥 뚫려 있는 듯한 이상한 공간에 다다르게 된다. 하얀 벽의 단층집 한 채와, 맞은편에 있는 작은 텃밭. 마중을 나와 준 것은 고양이 수우 씨와 닭 스이짱이다. 수우 씨의 뒤를 스이짱이 느긋하게 쫓아간다. 아무래도 둘은 몹시 사이가 좋은 모양이다.

여기는 '가타치'라는 이름의 작은 잡화점. 자연에 둘러싸인 환경 속에서 식품이나 의료품, 현 내 작가의 그릇 등 '자연의 선물'이라는 생각으로 고른 생활 잡화를 판매하고 있다.

주인장 기시나 신리 씨, 미유키 씨 부부가 오키나와로 이주해 온 것은 11년쯤 전이다. 그들에게는 오키나와뿐만 아니라 발리 섬이나 태국, 푸켓 등을 자주 여행하는 '남쪽나라병'이 있었다고 한다. 그렇게 남쪽나라 여행을 몇 번씩 할 정도라면 차라리 일본 내 남쪽나라, 오키나와에서 살자는 생각에 두 사람은 이주를 결심했다. 신리 씨는 웹 디자이너, 미유키 씨는 어패럴 회사에서 근무하고

신리 씨가 만들어낸 상쾌한 느낌의 가게

있었지만, 둘 다 퇴사했다. 그리고 3일간의 여행 투어를 신청해 그 3일 동안 오키나와에서 살 아파트를 결정해버렸다. 자연이 풍부한 북부의 모토부초로, 이주한 뒤 1년은 날씨가 좋으면 바다에 나가고, 현 내의 카페나 마음에 드는 가게에 가보기도 하면서 잘 놀았다. 친구도 생겼다.
그러나 1년이나 놀다 보니 저축도 바닥이 났다. 그래서 생각해낸 것이 이동 카페. 바겐버스를 중고로 구입해서 차내를 개장하고, '기시나야'라는 이름으로 빵가게 주차장이나 이벤트에 나가 커피 판매를 시작했다. 이동 카페를 하면서 가게 자리를 찾았다. 그들이 찾고 있던 가게 자리의 조건은 '집과 가게가 같이 있고, 주차장이 딸려 있을 것. 밭이 있고 건물은 자유롭게 개장해도 좋을 것'. 물론 그런 곳이 쉽게 찾아지지는 않았다. 그 무렵부터 신리 씨는 친구의 소개로, 타고난 솜씨를 발휘해 목수 일을 돕거나 가구 제작을 맡게 되었다. 그러다가 간신히 가게 자리를 찾아낸 것은 그로부터 무려 4년만의 일이다. 그곳을 발견한 순간 여기다, 라고 느꼈다.
"주위에 잡화점이 없었고, 필요한 것을 가까운 곳에서는 팔고 있지 않다는 점이 좋았어요. 그래서 전부터 해보고 싶었던 잡화점을 열기로 마음먹었죠. 물론 이런 곳이다 보니까 손님은 굉장히 적겠지만, 불안은 없었어요. 반은 농사, 반은 가게. 그렇게 꾸려가면 괜찮지 않을까 싶었거든요."
신리 씨의 인테리어로 3개월 만에 오픈, 거주 공간인 집도 반년 정도 만에 완성했다.
살아가면서 자연이 가르쳐주는 것이 많다. 미유

고양이 수우 씨와 닭 스이짱과 함께

키 씨는 벌레를 싫어했지만 벌레도 자연 속에서 맡은 역할이 있다고 생각하니 친해질 수 있었다. 자연은 어느 것 하나 소중하지 않은 것이 없다는 마음이 생겨났다. 가게에서 판매하는 물건들도 변화해갔다. 인근에서 나는 유기재배 채소를 판매하고, 옷도 오가닉 코튼, 마, 자연 염색한 것 등을 취급한다.

오전 중에는 밭일을 한다. 점심은 신리 씨가 목수 일을 하는 현장에 도시락을 가져가서 먹는다. 날씨가 좋은 날은 가까운 해변에서 함께 점심을 먹는다. 그리고 오후 2시에 가게 문을 연다. 어두워지기 전에 가게 문을 닫고 저녁식사 준비를 시작한다. 지금까지 사회의 리듬에 맞춰 움직이고 있었지만, 이곳에 온 후로는 자연의 리듬에 맞춰 살 수 있게 되었다. 경제적인 불안은 없어요. 자연에 둘러싸여 있어서 행복합니다." (미유키 씨)

스이짱은 닭장으로 돌아가고 수우 씨도 어딘가 잠자리로 돌아간 모양이다. 이곳에 있는 것은 산의 고요함과 새 소리뿐. 삶을 꾸며주고 자연에 기댄 물건들과 느긋하게, 하지만 풍요롭게 시간이 흘러간다.

주　　소　모토부초 이즈미 2830-1
　　　　　本部町字伊豆味 2830-1
전　　화　0980-47-5307
시　　간　12:00~17:00
정기휴일　금·토·일·공휴일
주 차 장　5대

28 New Okinawa Trip
북부 | 나키진손 | 숙박

tinto tinto
틴토 틴토

오키나와 외딴 방
풍경도 방도 독점할 수 있는 사치

결혼한 지 4일 만에 오키나와로 왔다. 자연이 있고, 바다가 있고, 적당히 한산한 시골. 결혼하면 좋아하는 오키나와에서 살자고 이야기하곤 했다. "쉴 겨를도 없이 바쁜 하루하루를 보내다가 겨우 짬을 내서, 아내가 워킹홀리데이로 머물렀던 호주를 찾아갔어요. 그들은 일보다 가정을 우선하고 소중히 여기는 문화가 몸에 배어 있더라고요. 제게 큰 자극이었어요. 특히 숨 가쁜 나날을 잊고 자기 자신으로 돌아갈 수 있는 시간이 바로 여행이라는 것, 여행은 그걸 가능하게 하는 힘이 있다는 걸 깨달았죠. 진짜 나로 돌아갈 수 있었던 '여행'과 관련된 일을 가족과 함께 하고 싶다는 생각을 하게 됐어요. 그리고 어느 호주 사람이 경영하는 편안한 숙소를 보고 생각했죠. 나도 이런 삶 속에서 결혼생활과 육아를 해 보고 싶다고. 그게 오키나와로 오게 된 계기였습니다."

오키나와로 이주한 뒤에는 오키나와를 잘 알기 위해 관광정보를 취급하는 회사에서 일했다. 언젠가 자신의 힘으로 숙소를 경영하기 위한 주춧돌인 셈이었다. 조기퇴직으로 오키나와에 한 발 먼저 이주해 살고 계시던 부모님도 마침 숙소를 경영 중이었다. 부모님의 숙소 '마찬 마찬'의 일을 도우면서 경영에 대해 조금 이미지를 잡을 수 있었다.

"숙소는 여행 중에 가장 오래 머무는 곳이에요. 지역의 특색을 가장 크게 느끼게 되는 곳이기도 하고요. 시골의 불편함이나 대자연을 느낄 수 있게 하면서도 호텔 같은 쾌적함이나 도시적인 세련미도 갖춰야 한다고 봐요. 그런 좋은 점들을 챙겨가는 게, 우리가 만들어갈 새로운 오키나와의 스타일이라고 생각합니다."

에모토 유스케 씨, 후미코 씨 부부가 나키진손에 '오키나와 외딴 숙소 틴토 틴토 tinto tinto'를 오픈한 것은 2010년 11월이다. 숙소의 주인장으로서는

하단 숙소 앞에 펼쳐진 아름다운 옷파마 해변

2층에 있는 데크석에서 고리지마 섬을 바라볼 수도 있다

볼륨 만점에 힘이 넘치는 조식

손님을 최고로 생각하고, 가장으로서는 가족을 가장 소중하게 여긴다. 이것이 두 사람이 바라는 삶의 형태이고, 숙소의 경영방침이다. 두 사람이 호주에서 느낀 만남이나 발견이 틴토 틴토를 찾아온 사람들에게도 느껴지길 원한다. 부부의 집은 숙소 가까운 곳에 있다. 유스케 씨는 6시에 기상해서 아침식사를 준비한다. 청소나 장보기 등도 그의 일이다. 후미코 씨는 주로 요리를 고안하거나 그릇, 방에 장식할 소품들을 고른다. 숙소의 이미지를 만들어 가는 중요한 일이다. 부부가 힘을 모아, 네 살 아이를 돌보는 일도 함께 한다. 가족이 늘어나면 그 변화에 맞춰 영업 스타일도 조금씩 바꾸어 갈지 모른다. 조금씩 성장과 변화를 거듭해가는 것도 틴토 틴토라는 숙소의 중요한 존재 방식이다. "오키나와는 자신들만의 생활 스타일을 만들어낼 수 있는, 그것을 받아들여주는 토양을 가진 장소예요."

심플하고 세련된 방에서는 눈앞에 펼쳐진 푸른 바다를 실컷 즐길 수 있다. 고리지마 섬에서 떠오르는 아침 해를 보고 나서, 풍성한 아침식사를 하자. 지역 생산물을 사용한 '오키나와식'으로. 나를 위해 준비된 식사, 주인장과 따뜻한 대화를 나누면서 먹는 한 끼 식사의 행복감은 한층 더 잊기 어려운 여행으로 만든다. 아침식사가 끝나면 웃파마 비치로 산책을 나가는 것도 좋다. 마음을 치유해줄 아름다운 자연이, 나키진에는 얼마든지 있다.

주 소	나키진손 도키진 385-1
	今帰仁村字渡喜仁 385-1
전 화	098-56-5998
홈페이지	tintotinto.com

(1박 조식 포함 9,500엔~ 예약은 홈페이지에서)

카페룸에서 에모토 씨와 대화를 즐긴다

심플하고 편안한 객실

29 하코니와
New Okinawa Trip
북부 | 모토부초 | 카페

Hakoniwa

숲 속에 자리 잡은,
옛날 그대로의 기와집
시간이 흐르는 것을 잊은 듯
조용한 공간

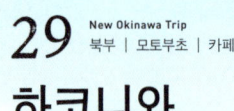

위치가 좋은 카페는 더러 있지만 이곳에는 특별함이 있다. 바다 바로 옆에 있는 것은 아니다. 고즈넉한 산 속, 산 말고 보이는 것은 아무것도 없다. 그렇기 때문에 혼자 있는 시간에는 자신에게, 친구와의 시간에는 친구에게, 온전히 그 시간과 마주하며 집중할 수 있다. 카페의 이름은 '하코니와(상자정원)'. 9년쯤 전에 오픈했다.

다니구치 씨는 도쿄의 카페에서 근무하다가 직접 가게를 열기 위해 고향 오키나와로 돌아왔다. 온나손을 비롯해 바닷가 근처에서 가게 자리를 찾기 시작했지만 찾을 수가 없었다. 2년의 세월이 지난 어느 날, 우

가게 안에서는 오키나와의 도예도 판매. 무로오 가마로 활약하고 있는 남편의 작품도 꼭 체크해 보세요

채소를 듬뿍 사용한 하코니와 플레이트 (900엔)

좋아하는 보라색으로 칠한 주방에서

연히 지나가다가 좁은 길로 접어들어 안쪽으로 쑥 들어가 보니 오래된 민가 한 채가 나타났다. 형편없이 낡았지만 다른 민가와도 떨어져 있고, 고지대에 있었다. 바다 옆이 아니라 숲속이기는 해도 자신의 이미지에 딱 맞았다. 하지만 노후화 정도가 심해 집주인에게 거절당했다. 그러나 다니구치 씨는 포기하지 않았다. 어떤 가게를 하고 싶은지, 이곳을 어떻게 사용하고 싶은지, 자신의 생각을 적어서 편지를 보냈다. 그러자 곧 답장이 왔다. "당신의 생각이 전해졌습니다. 전적으로 응원하겠습니다."라고.

친구들의 도움으로 1년 만에 오픈했지만, 2년 정도는 손님이 별로 오지 않았다. 그래도 서서히 손님이 늘고 있다는 것을 실감할 수 있었기 때문에 그다지 초조하지 않았다. 9년이 지난 지금은 많은 사람들이 이 가게를 찾아온다. 각자의 시간을 소중하게 보내기 위해서. "가게는 삶의 일부예요. 할머니가 될 때까지 계속하고 싶어요."라고 다니구치 씨는 말한다. 남편은 '무로오 가마'를 경영하는 도예가다. 서로의 일을 존중하면서 서로 돕는, 단란한 가족의 삶을 꾸려가고 있다.

주　　소	모토부초 이즈미 2566 本部町字伊豆味 2566
전　　화	0980-47-6717
시　　간	11:30–17:30
정기휴일	수・목요일
주 차 장	있음

30 New Okinawa Trip
나하 | 마쓰오 | 식당

식당 파이다마
faidama

食堂 faidama

섬 채소의 매력을 전하는
뒷골목 작은 식당

우키시마 거리에서 옆 골목으로 하나 더 들어가면 하얀 벽에 야에야마 사투리로 '먹보'라는 뜻의 'faidama'라는 글자가 보인다. 식당이라고 해도 오키나와에 흔히 있는 오래된 느낌과는 다른 심플하고 산뜻한 인테리어. 하지만 '오키나와 식당' 특유의 편안함과 분위기를 느낄 수 있는 이유는 아마도 오너인 다카에스 쓰요시 씨의 성실함과 미사 씨의 서글서글함 때문일 것이다.

오키나와 본섬 출신인 쓰요시 씨와 이시가키섬 출신인 미사 씨는 도쿄의 오키나와 요리점에서

주소 나하시 마쓰오2-12-14 那覇市松尾 2-12-14　전화 098-953-2616　시간 11:00~19:00 (L.O. 18:30), 토요일 11:00~15:00 (L.O. 14:30), 17:30~20:30 (L.O. 20:

만났다. 항공기 정비사였던 쓰요시 씨는 전근할 때마다 지역 식재료로 요리하는 것이 취미가 되었고, 평생 직업으로 하고 싶어 요리 세계에 뛰어들었다. 도쿄에 있는 오키나와 요리점에서는 오키나와 식재료를 의식적으로 많이 사용했기 때문에 그 지식을 충분히 익힌 후 상하관계가 엄격한 일본요리점에서 식칼 쓰는 법부터 밥 짓는 법까지 2년간 수행했다.

두 사람은 오키나와로 돌아와 꿈에도 그리던 식당을 열었다. ¹'참푸루' 같은 일반적 메뉴는 일부러 피했고 섬에서 자란 채소의 매력을 알리고 싶었기 때문에 제철 재료를 써서 재료 본연의 맛을 살리는 요리를 만들었다. 정확한 지식과 기술이 있었기 때문에 여기 오키나와 요리는 어딘지 기품이 느껴진다. 재료는 아버지가 직접 농사를 지은 작물. "모든 분들이 도움으로 그럭저럭 꾸려나가고 있습니다." 요리뿐 아니라 검손하고 그리고 두 사람의 환한 웃는 얼굴은 이 가게 최고의 매력이다.

1 참푸루 - 채소와 두부, 갖가지 재료를 함께 볶은 오키나와 요리. 참푸루는 오키나와 방언으로 이것저것 섞는다는 뜻

태국식 볶음밥 '가파오라이스' 같은 매콤한 요리가 맛있다

31 soi
소이

New Okinawa Trip
나하 | 쓰보야 | 카페

매콤하지만 마음이 따뜻해지는
한적한 뒷골목
아시안 푸드 카페

오키나와에 올 때마다 위클리맨션을 빌리고, 시장에 가서 오키나와의 채소를 사다가 요리를 즐기곤 했다. 시장이 좋고 채소 구경이 좋다.
그런 히사스에 쇼 씨와 유카 씨는 2012년 9월에 오키나와로 이주했다. 두 사람이 문을 연 것은 '소이soi'라는 포(쌀국수)와 태국풍 카레가 맛있는 가게. 소이soi란 태국어로 골목길을 말한다. 가게 이름 그대로, 골목길 안쪽 눈에 띄지 않는 곳에 소이의 작은 간판이 있다.
쇼 씨는 요식업계에서 오랫동안 일해 왔지만, 결혼을 계기로 다른 업종에서 직원으로 다시 시작했다. "전혀 다른 세계를 보고 싶다는 마음도 들었고요. 요식업이 힘들다는 걸 뼈저리게 느껴본 결과이기도 하겠죠." 새로운 분야에서 6년 동안 일했지만 아무래도 장래에 대한 비전을 가질 수가 없었다는 쇼 씨. 비슷한 시기에 불의의 사고로 아버지마저 여의고 만다. "무슨 일이 일어날지 알

다다미 자리에는 그림책도 있어서 아이를 데려온 손님도 편하게 이용할 수 있다

수 없다. 그런 생각을 하다 보니 다시 한 번 요식업을 하고 싶어졌어요." 반쯤은 '충동적으로' 가게를 열기로 마음먹었다. 그럼 어디서? 도쿄나 가나가와도 검토했지만 어차피 새롭게 다시 시작할 거라면 이전부터 좋아했던 오키나와를 선택하는 게 어떨까 싶었다.
당장 오키나와로 갔다. 간신히 지금의 이곳을 찾아냈다.

부드러운 빛이 비쳐드는 가게 안

처음부터 확고한 인테리어 이미지는 없었다. 목수와 함께 만들면서 하나씩 생각해 나갔다. 여러 가지 의논 끝에 만들어낸 공간은 나무의 온기가 부드럽고, 한쪽에는 다다미를 깔아놓은 어린이용 공간도 마련된 따뜻한 분위기.
가게 안에는 사토 나오미치 씨나 야마다 요시키 씨, 오 구스야o-gusuya 씨의 공방을 찾아가 제작한 그릇도 채워 넣었다. 요미탄손의 골동품가게 '인디고Indigo'의 가구 등 현 내 예술가들에게 의뢰한 여러 작품으로 장식도 했다. 그리고 2013년 3월 1일에 문을 열었다.
쇼 씨는 옛날부터 카레를 좋아했기 때문에 카레를 만들어 팔고 싶다는 것은 처음부터 확고했다. 특히 오키나와의 채소를 보고 맛있는 카레 페이스트를 만들 수 있겠다고 생각했다. 쇼 씨는 태국풍 카레를 제공하기로 했다.
"아이가 아직 어려서 아이가 자랄 때까지 밤 영업

'Ajimoon'의 조각보 터번 등 오키나와에서 만든 잡화들

왠지 마음이 놓이는 잡다하지만 편안한 가게 안

요리를 담당하는 것은 쇼 씨. 유카 씨가 만드는 과자도 인기다

은 하고 싶지 않아요. 오히려 아침식사를 위해 일찍 문을 열고 싶죠. 여행을 할 때마다 아침밥 먹을 곳을 찾느라 고생했던 기억이 있거든요."
그런 생각으로 아침에도 영업을 했지만, 지금은 아침 영업은 쉬고 있다. 가족 상황에 맞추어서 영업시간도 바뀐다. 그렇게 해도 좋다고 생각한다. 가족을 생각하는 마음이 이 가게의 따뜻한 매력이니까. "오픈은 했지만 홍보까지 할 여력은 없었어요. 주위 사람들이 도와주어서 손님이 찾아 와 주고 있고요. 오키나와의 인간관계가 얼마나 돈독한지를 체험했어요."
주 2일은 쉬지만, 자기 시간을 확보하기는 어렵다. 그래도 저녁은 반드시 집에 돌아가 가족과 함께 먹는다. 그리고 다시 가게에 나와 장사 준비를 하거나 연구를 한다.
"결과적으로 나하라서 다행이에요. 오키나와는 가게 셋돈이나 음식점을 하기 위한 보증금 등 금

전적인 부담이 덜해요. 게다가 도쿄는 뭔가 꽉꽉 차 있는 느낌이 들지만 오키나와에는 아직 채워 갈 수 있는 여백이 많이 남아 있는 것 같은 기분이 들어요. 젊은 사람도 많고, 장래성이 높은 섬인 것 같아요."
골목길에 들어서면 자칫 못 보고 지나칠 수 있으니 조심하자. 거기서 기다리는 것은 오키나와의 새로운 아침 풍경.

주　　소　나하시 쓰보야 1-7-18
　　　　　那覇市壷屋 1-7-18
시　　간　11:30~품절되는 대로 종료
정기휴일　토·일요일·공휴일
주 차 장　인근에 무인 유료 주차장 있음

기도하듯 조용히 한 잔의 커피를 내리는
주인장 야마자키 아키오 씨

32 New Okinawa Trip
나하 | 쓰보야 | 커피

마법커피
MAHOU COFFEE

한 잔의 커피가 마법을 걸다
나하 뒷골목의
작은 커피점

주인장은 눈을 감고 있는 걸까. 진하게 볶은 커피 콩으로 기도하듯 조심스럽게 핸드드립으로 뜨거운 물을 떨어뜨린다. 향긋하고 그윽한 달콤함이 느껴진다. 입 속을 가볍게 스쳐 지나가는 놀랄 정도의 투명감, 마법커피의 매력은 이 한 잔에 담겨있다. 마치 마법에 걸린 것처럼, 뾰족했던 마음도 둥그러진다. 가게는 카운터 자리가 10개 있을 뿐인 아담한 공간이지만, 어둡고 좁은 공간이 왠지 차분하게 만든다.

야마자키 아키오 씨와 아오이 씨가 마법커피의 문을 연 것은 2011년. 아키오 씨는 어릴 때부터 몹시 감수성이 풍부했다. 도시적인 삶에 대한 동경과 평온한 삶에 대한 희망이 있었다. 때때로 여행을 떠나, 자신의 삶의 방식을 모색하곤 했다. 그러다 스물세 살 때, 친구를 만나러 처음 찾아간 오키나와에서 야부 료마 씨를 만났다. 야부 씨는 '플라우만스 런치 베이커리PLOUGHMAN'S LUNCH

골목에서 쏟아지는 빛,
작지만 아늑한 가게

BAKERY'의 주인장. 그들은 우연히 알게 되어 연락처까지 교환한다. 그리고 아키오 씨가 스물여섯 살 즈음, 도쿄에서 하던 일에 지쳐 어디로 가야 할지 고민하고 있을 때도 야부 씨를 찾아갔다. "오키나와로 오지 그래?" 그 한 마디에 아키오 씨는 오키나와로 향했다. 그때까지 여행하면서 어디에서든 살 수 있겠다는 생각을 하고 있었기에 장소를 옮기는 것에 대한 불안은 없었다. 단지 새로운 일에 대한 두근거림이 있었을 뿐. 그는 빌리지 뱅가드에 근무하면서 인테리어나 디스플레이, 매입, POP 글씨 등을 경험했다. 책이나 문장에 관련된 일에도 즐거움을 느꼈다. 그 후, 기노완시에 있는 '카페 유니존'에서도 근무했다. 그 무렵 아키오 씨는 음식, 책, 아트, 모든 것을 엮어서 크리에이티브한 일을 해나가고 싶다는 꿈을 품고 있던 터였다. 잡화점도 겸하고 있어, 책도 판매하고 이벤트도 개최하는 복합적인 공간인 '카페 유니존'은 그런 그의 바람에 꼭 맞는 직장이었다. 그리고 그곳에서 아키오 씨는 본격적으로 커피를 만났다. 드립한다는 작업 자체가 즐거워서 커피의 세계에 후루룩 빨려들었다.

아키오 씨가 아오이 씨와 결혼한 것은 이 무렵이다. 대지진이 가족에 대해, 앞으로의 일에 대해 깊이 생각하는 계기가 되었던 그 때. 두 사람은 오키나와에서 스스로 일을 만들어내고, 땅에 발을 딛고 땅에 뿌리를 내린 삶을 살아가기로 결심한다. 시간도 돈도 최소한밖에 없었기 때문에 되도록 자신들의 두 손으로 직접 가게를 만들기로 했다. 여기저기 가게를 보러 다니며, 가게를 시작하기에 구조나 공간 활용이 쉬운 외국인주택을 찾아다녔다. 그러다 어느 날 저녁, 국도에서 조금 벗어난 곳에서 잡초가 우거져 있는 외국인주택을 발견했다. 여기는 어떤가 싶어 곧바로 집주인을 찾아갔다. 방 네 개와 거실, 식당, 부엌, 그리고 욕실

더치커피를 사용해 만든 판나코타 커피 젤리는 하루에 5잔 한정 판매

이 하나 있었다. 가사실¹도 있었다. 가게의 콘셉트도 정했다. '전 세계에서 누구도 본 적이 없는 커피가게'.
차근차근 비품도 구입하고 준비를 해나갔다. 벽의 페인트칠을 업자에게 의뢰한 것 외에는 대부분 두 사람의 손으로 직접 해냈다. 힘들었지만, 열심히 노력한 것만은 자랑할 수 있다고. 그 덕분에 두 사람의 마음이 가득 찬 공간이 완성되었다. "컬러풀하게 하고 싶었어요. 외국의 집이나 민속의상을 좋아하거든요. 우리 가게니까 이 정도까

지 우리다움을 드러낼 수 있었던 것 같아요."
가게 문을 연 뒤로는 더욱 바쁜 나날을 보냈다. 첫 경영이었던데다 손님에게 음식을 제공한다는 책임감이 컸다. 열심히 바쁘게 일을 하는 사이사이, 자신들이 만들어낸 공간이 가끔 손님들의 웃는 얼굴로 가득 채워질 때. 서로 말을 나누지 않아도 물 흐르듯이 움직여 모든 것이 채워지는 순간을 만날 때. 그럴 때 두 사람은 행복을 느낀다. 아직 100%가 되려면 멀었지만 꿈을 향해 한 걸음 한 걸음 걸어가고 있다는 것을 실감한다.

마법커피

주　소 나하시 쓰보야 1-6-5
　　　　那覇市壺屋 1-6-5
시　간 10:00~18:00 (L.O. 17:00)
정기휴일 수 · 월 2회 비정기 휴일
주 차 장 근처 유료 주차장 이용
홈페이지 http://www.mahoucoffee.com

주문을 받으며 손님의 얼굴을 본다. 그 사람이 어떤 사람인지, 어떤 커피를 마시고 싶어 할지 떠올려 보면서 커피를 만든다. "제게 드립이라는 일은 작은 기도 같은 거예요. 오리지널리티 다음에 있는 게 퍼스널리티라고 생각하는데요. 야마자키 아키오가 아니면 만들 수 없는 저만의 커피를 만들어가고 싶습니다."

가게는 쓰보야의 뒷골목으로 이전했다. 이전 가게보다 조용하고 한 잔의 커피를 즐기기에 더 좋은 환경이 되었다. 여전히 커피에 대한 진격의 자세는 변함없이 그대로다.

커피에는 기술을 넘어 만드는 사람의 마음이 깃든다. 똑바로 앞을 응시하는 아키오 씨이기 때문에 그 투명감 있는 커피 한 잔을 만들 수 있으리라. 즐거울 때, 고민이 있을 때, 그저 멍하니 있고 싶을 때, 마법커피를 찾아가야겠다. 그러면 나는 또 다시 행복한 마법에 걸릴 것이다.

1 대개 부엌 옆에 있으며 가사와 관련된 일을 하는 공간. 재봉실, 세탁실 등으로도 쓰인다

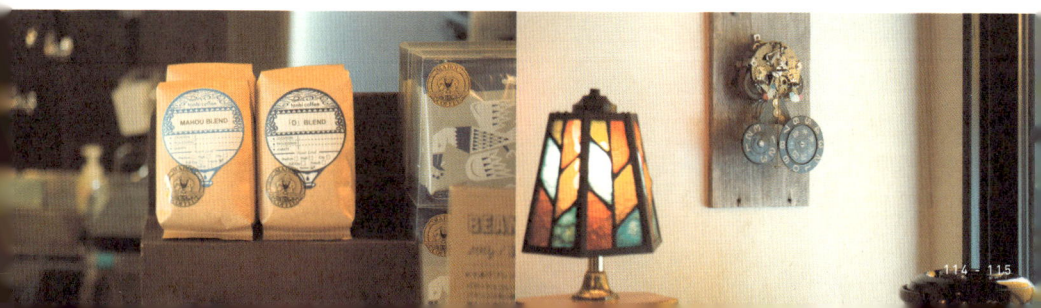

33 New Okinawa Trip
나하 | 니시 | 식당

Piperch Kitchen

피퍼치 키친

섬의 은총을 플레이트에 담아,
작은 동네에 활기를

요리를 담당하는 것은 야스노부 씨.
커피를 볶고, 그릇도 제작했다.
마리야 씨는 주로 손님맞이 담당.
그 웃는 얼굴로 손님을 행복하게 해준다

Piperch Kitchen

ピパーチ
キッチン

open 火〜土 11:30 — 15:00
　　　　　18:00 — 21:00(LO)
　　　日曜日 11:30 — 14:30
close 月曜日
tel.098-988-4743

파란 문이 가게의 표식.
가게 앞에는 귀여운 허브
화분이 놓여 있다.
커피는 야스노부 씨가
만든 도기로 직접 볶은 것

주　　소	나하시 니시 2-6-16
	那覇市西 2-6-16
전　　화	098-988-4743
시　　간	11:00~16:00 (L.O. 15:30),
	18:00~22:00 (L.O. 21:00)
	저녁 영업은 토·일·공휴일만
정기휴일	금요일
주 차 장	3대

 그는 아티스트가 아닐까? 친근감이 있으면서도 조리방법이나 재료를 다루는 데서도 어딘가 독창성이 느껴진다. 또 입에 넣으면 그 맛에 깜짝 놀라게 된다. 요리 한 접시 한 접시로 자기표현을 하고 있는 것이다. 나하시 니시는 고쿠사이도리 거리 등 관광의 중심지에서는 조금 떨어져 있는 작은 동네. 이곳에서 '피퍼치 키친'을 경영하는 사람은 이케시로 야스노부 씨, 마리야 씨 부부.
 야스노부 씨는 '어쨌거나 무언가를 자신의 손으로 표현'하고 싶었다. 그는 미술대학에 진학하면서 도쿄에 올라가게 되었고, 음식점 아르바이트를 했다. 그곳에서 요리라는 '표현'에 빠졌다. 신주쿠에서는 오키나와 음식점에서 요리를 배웠고, 그 후 미국의 일식 레스토랑에서 여러 나라 사람들과 함께 약 1년 정도 일하기도 했다. 그 다음은 오사카에 있는 한국 반찬가게의 도시락사업부에서도 일했다. 그곳에서는 혼자서 400인분을 만들 때도 있었다. 큰 가게에서는 주방 전체의 일부가 되어 주어진 역할을 확실하게 해내야 한다. 시간이 흐를수록 '나만이 할 수 있는 요리를 만들고 싶다'는 열망이 커졌다. 그래서 나만의 가게를 갖는 것이 그의 꿈이 되었다. 고등학교 동급생이었던 마리야 씨와는 오사카에서 재회해 결혼에 성공했다. 가게를 할 거라면 고향인 오키나와에서 하자고 의기투합한 두 사람은 오키나와로 돌아갈 결심을 하게 된다.

 처음에는 천천히 가게 자리를 물색해볼 생각이었다. 그러나 한 달 만에 원하는 장소를 찾아냈다. '큰길에서 한 골목 들어간 곳이 좋다'는 것 이외에는 자신들도 구체적으로 그려보지 못했던 공간이었다. 어떤 가게로 만들 수 있을지 잘 상상이 되지 않았다. 하지만 가능성을 느끼기에는 충분한 장소였다. 가게 자리를 빌리고 나서 3개월, 인테리어는 거의 부부와 친구가 직접 했다. 테이블을 어떻게 할지 생각하고 있는데, 근처에서 목공소를 경영하는 '로보츠ROBOTZ'의 구니요시 사토시 씨가 찾아와 테이블 만드는 방법을 가르쳐주기도 했다. 곤란한 일이 있으면 그 때마다 불쑥 도와주는 사람이 나타났다. 그릇도 아는 사람한테 배워서 야스노부 씨가 직접 만들었다.
 그리고 2011년 12월 7일에 정식으로 가게 문을 열었다. 두려움도 있었지만 빨리 오픈하지 않으면 저축도 바닥나고 마는 상황이었다. 그래서 찬장 등은 오픈하고서야 마무리가 되었고, 영업을 하면서 서서히 가게다워졌다. 좌석 수는 17. 한 번 와 주었던 사람이 가족이나 친구를 데려와 주기도 하면서 조금씩 손님이 늘었다.
 차로 가는 것도 좋지만 모노레일 아사히바시역에서부터 걸어 가보는 것도 좋을 것 같다. 맛있는 가게는 사람을 부른다. 몇 년쯤 후, 니시에는 피퍼치 키친뿐만 아니라 수많은 매력적인 가게가 처마를 나란히 맞대고 북적거릴 것이 틀림없다.

34 New Okinawa Trip
나하 | 마키시 | 커피

다소가레 커피
たそがれ珈琲

다소가레(황혼)의
시간을 물들이는 것은
재즈의 선율과 한 잔의 커피

구다카 씨가 그리는 라떼아트.
고도마리 료 씨의 컵과도 잘 어울린다

직접 볶은 커피는 판매도 하고 있다.
아버지에게 물려받은 레코드로 가게 안에 재즈가 흐른다

그곳은 원래 자리 열 석 정도의 작은 카페였던 모양이다. 눈앞에서는 끊임없이 자동차가 지나가고 머리 위에는 모노레일이 달리는 시끌벅적한 장소다. 하지만 이곳에 발을 들여놓는 순간부터 더 이상 쓸데없는 것은 없다. 재즈가 떠도는 차분한 공간만이 펼쳐질 뿐.

여기는 나하시의 구모지 강가에 있는 '다소가레 커피'. 구다카 유조 씨가 경영하는 카페다. 구다카 씨는 나하시 출신으로, 도쿄의 카페에서 일하다가 오키나와로 돌아와 형과 둘이 이탈리안 레스토랑 '니코스페체'를 오픈했다. 내 가게를 내려면 '고향에서'라고 생각했기 때문이다. "속 편하고, 전철을 타고 싶지 않으니까요(웃음)." 3년 반 동안 일하다가 가게가 궤도에 오르자, 자신의 가게 자리를 갖고 싶어 다시 독립을 생각했다.

그가 찾던 가게 자리의 조건은 우선 집에서 가까울 것, 시설까지 통째로 임대로 나와 있을 것, 그리고 당연히 임대료가 쌀 것. 그런데 생각보다 빨리 적당한 장소가 나타났다. 이모저모 살펴보며 잠시 망설이고 있다가 나하세 우키시마도리 거리에 있는 카페 '플라눌라'에 들렀다. 그랬더니, 플라눌라 가게의 주인이 "그렇게 좋은 조건의 물건은 좀처럼 없어."라며 등을 떠밀었다. 가게 안에 흐르는 음악들은 한때 재즈카페를 경영했던 아버지에게서 물려받은 레코드 음반. 하얀 벽에 넓게

주　소	나하시 마키시 1-14-3 1F
	那覇市牧志 1-14-3 1F
시　간	11:00~19:00 (L.O. 18:30)
정기휴일	매달 1일 · 10일 · 20일 · 30일 · 31일

커피 로스팅, 요리 등 모든 것을
혼자서 해내는 구다카 씨

공간이 트여 있는 것은 앞으로 이벤트를 열기 위해서다. 황혼 때를 촬영한 사진전 같은 게 재미있지 않을까 기획하고 있다.

직접 만든 것은 카운터의 발판과 스피커 선반 정도. 에어컨도 환기구도 이미 설치되어 있어서 비교적 적은 비용으로 오픈할 수 있었다. 7시 반쯤 가게에 와서 그날의 영업 준비나 로스팅을 한다. 메뉴는 커피와 케이크, 토스트 등. 전부 구다카 씨가 직접 만든 것이다. 주문이 들어올 때마다 정성껏 넬드립으로 커피를 내린다. "커피를 끓이는 사람의 특권이 제일 좋은 향을 느낄 수 있다는 거예요"라며 웃는 구다카 씨.

혼자서 할 수 있는 범위 안에서, 하지만 혼자니까 더 유연하게, 손님이 바라는 것에는 최대한 맞춰주고 싶다고. 커피는 특별 주문한 수동 기계로 직접 로스팅해서 사용한다. 일부러 블렌딩은 하지 않는다. '마시기는 좋지만 진한 인상을 남기는 깊은 맛과 단맛이 느껴지는, 식으면서 느낄 수 있는 변화를 즐길 수 있는' 커피가 이상적인 커피. 직접 만든 건포도 효모와 제철 과일로 만든 효모로 와인셀러에서 24시간 저온숙성으로 발효시킨 심플한 빵. 정성스러운 손맛 나는 메뉴를 느긋하게 기다리는 것도 좋다. 걷다가 피곤해지면 다소가레 커피로 가자. 커피 한 잔과 재즈 선율을 마시러, 해질녘에.

35 고토리 과자점

New Okinawa Trip
나하 | 히가와 | 과자

コトリ焼菓子店

작은 새의 지저귐처럼
자그마하지만 꽉 찬 식감

RECOMMEND

심플하고 귀여운 숍카드.
가게 로고도 직접 만든 것

이전해서 조금 넓어진 가게. 과자 종류도 늘었다

그곳은 나하시의 옛 모습이 남아 있는 뒷골목에 있어, 주의해서 보지 않으면 그냥 지나쳐 버릴 것 같은 조용한 가게다. 그래도 '고토리(작은 새) 과자점'을 찾고 싶다고 생각하는 것은 시폰 케이크가 참을 수 없을 정도로 맛있기 때문이다. 폭신한 식감은 놀랄 만큼 가볍고, 마지막에는 단단한 탄력이 느껴진다. 재료는 홋카이도산 밀가루, 오키나와현의 오자토에서 방사되는 닭이 낳은 달걀, 채종유, 사탕무 설탕. 보통 8종류의 바리에이션에, 제철 재료를 사용한 메뉴가 한 종류. 어느 것이나 재료 자체의 맛을 차분하게 전하는 소박한 맛이다.

기시모토 게이코 씨는 언제부턴가 자신의 가게를 '직접 하는' 것이 당연하다고 생각하고 있었다. 다만 그것을 언제 할까 하는 점은 막연했다. 그런데 어느 날 그 타이밍이 갑자기 찾아왔다.

"카페에서 친구와 일에 대해서 이야기하다가 문득, 하고 싶은 일을 하고 있지 않다는 사실을 깨달았어요."

언젠가 올 그 날을 위해 늘 집에서 과자를 많이 만들어 보고 있었던 그녀. 그래서 마음이 결정되자 불안도 공포도 없이 가게를 여는 데 전념할 수 있었다. 그 때 네 살과 두 살, 두 아이를 키우면서 가게 일에 도전했다. "힘든 일은 언제 해도 힘들어요." 이미 움직이기 시작한 자신의 마음에 솔직하게 따랐다. 자택 옆에서 가게 자리를 찾아냈고, 이것이 자신의 타이밍이었다고 믿는다.

인테리어를 해준 것은 남편이다. 평소에는 다른 일을 하고 있지만 "색깔이나 높이의 이미지만 전달하고, 나머지는 모두 일임"했더니 이런 공간을 만들어내 주었다.

오픈한 것은 2012년 10월 7일. 가게 간판도, 가게 앞에 심은 식물도, 가게를 오픈한 후 만든 것이다. "사실은 여러 가지를 해보고 싶어요. 하지만 혼자서는 어중간해져 버리니까 우선은 한 가지를 완벽하게 해야 할 것 같아요. 그래서 제가 가장 좋아하고, 바리에이션도 많이 만들 수 있는 시폰 케이크부터 시작했어요."

그로부터 5년이 지나서 가게는 기노완에서 기시모토 씨가 나고 자란 나하시 히가와로 이전했다. 지금은 직원도 한 명 늘어서 시폰 케이크 이외에도 과자 종류도 많아졌다. 가게에 들어서면 맞아주는 그녀의 미소는 여전하다.

만드는 것 자체를 좋아해서, "다 구워졌을 때의 모습이 귀여워요." 하며 웃는다. 무언가를 만든 사람만의 즐거움. 기시모토 씨의 시폰 케이크는 오늘도 조금 더 맛있어진다.

주　　소	나하시 히가와 1-28-16 那覇市樋川1-28-16
전　　화	080-8395-8452
시　　간	11:30-17:00
정기휴일	일 · 월 · 화요일
주 차 장	1대

산딸기 시폰 케이크. 시폰 케이크 맛은 여전하다

36 New Okinawa Trip
나하 | 슈리 | 카페

CONTE
콩트

마음을 풍요롭게 하는,
슈리 지역에서 만들어가는 이야기

편안한 공간과 맛있는 요리. 여기에 좋은 카페의 조건으로 더 필요하다면 그것은 무엇일까.
"무엇이든 이야기는 깃들어 있어요. 삶에도, 물건에도요. 그 이야기를 알게 되면 그 사람이나 물건이 더욱 좋아지거든요. 접시 하나도 어떤 마음으로 어떤 느낌으로 만들어진 것인지를 알게 되면 더욱 애착이 생기고 세상과 연결된 것처럼 느껴져요. 이야기를 알게 되면 마음이 풍성해지죠."

(가와구치 미호)

콩트란 카페는 '슈리성'으로 유명한 관광지가 있는 나하시 슈리에 있다. "골목길이 멋져요. 산책할 수 있는 곳도 많고요. 슈리성도 있고, 골목길이나 신성한 우타키御嶽, 돌길도 있고, 석양을 전망할 수 있는 곳까지 여긴 멋진 장소가 많아요. 일부러 찾아가는 가게가 아니라, 이런 분위기가 좋은 마을을 산책하다가 잠깐 들러볼 수 있는 가게를 만들고 싶었어요."(미호)

주인장인 이가라시 마코토 씨는 오키나와에 이주해서 여러 곳의 음식점을 거쳐, 부인인 가와구치 미호 씨와 함께 콩트를 오픈했다. 미호 씨는 오랫동안 도쿄에서 편집자로 일하다가 이가라시 씨와의 결혼을 계기로 오키나와에 이주했다.

요리 담당은 이가라시 씨. "소금과 오일이 양념의 기본입니다. 어떤 조합으로도 맛있게 먹을 수 있

커다란 창으로 빛이 들어오는 키친은 마치 영화의 한 장면 같다

'머스타드소스를 곁들인 오키나와산 돼지고기 로스트 구이'는 남자도 포만감을 느낄 정도

자연광이 아름다운 내부는 천장이 높아서 아늑하다. 런치 말고도 정성스레 내린 핸드드립 커피도 추천

카페를 편집하고 이야기를 만든다

는 요리를 만들고 싶어요. 메인은 있지만 재료를 직접 생산하는 분들과 만나면 모두 정성껏 만드는 것을 알기 때문에 어느 것도 사이드로 쓸 수가 없어서요." 내가 좋아하는 것은 머스타드소스를 곁들인 '오키나와산 돼지고기 로스트 구이' 서빙되었을 때는 잘 플레이팅 된 요리 한 접시였지만 하나씩 맛을 본 후에는 한데 섞어서 밥이랑 같이 입 안 가득히 먹고 싶어지는 볼륨감이 매력이다.

미호 씨는 편집자적 시각으로 가게를 생각한다. "어떻게 보면 가게란 단순한 네모 상자예요. 여기에 무엇을 넣을지, 무엇과 무엇을 조합하면 재미있을지를 생각하죠. 잡지 만드는 일과 같아요. 도쿄에서 알고 지내던 사람을 오키나와 이벤트에 초대하기도 하고, 그런 일을 제가 할 수 있으니까요." 콩트에서는 라이브 연주나 커피 외에도 두 사람이 '정말 좋다'고 생각하는 여러 가지 주제로 이벤트가 자주 열린다. 그들의 상상 속에는 '공유'가 있고, 가게는 '우리만의 성'이 아니라 무언가를 하고 싶어 하는 사람과 함께 나눌 수 있는 장소로 만들고 싶다는 생각이 있다.

둘이서 꾸려나가기에는 조금 넓은 공간. 손님 자리에서 보이는 키친은 부드러운 역광이 포근하게 감싸고 있는 풍경이다. "새로 산 건 별로 없고 원래 있던 것들을 쓰고 있어요"라고 말하는 이가라시 씨. 가게 안을 둘러보니 "얻은 물건도 많아요." 라며 웃는다. 가게 안에 있는 테이블 보드는 탭댄서인 구마가이 가즈노리 씨. 가게 로고 오브제는 디자이너 모리모토 치에 씨, 벽에 장식된 일러스트는 시모다 마사카즈 씨가 잡지 특집 때 그려준 원화. 메인 요리를 담는 접시는 오키나와 도예가 스기아마 사나에 씨 작품. 그녀가 도예를 배울 때 "언젠가 이가라시 씨 가게에서 사용해 주면 좋겠어요"라고 했단다. 국그릇은 '목칠공 도케시'의 오픈 축하 선물. 시선을 돌리는 곳곳에 '인연'과 '이야기'가 있다. 이렇게 하나하나 '이야기'를 듣고 있자니 사물에 대한 깊은 의미가 느껴지고, 어느새 마음도 풍요로워지는 것 같다.

콩트라는 가게 이름은 '이야기'라는 뜻과 또 다른 의미는 '웃음'이란다.

"식탁에 웃는 얼굴이 있으면 좋겠어요. 매일 조금씩 성실하게 오래도록 이어나가고 싶어요. 20년 후 이 가게가 최고의 상태가 될 수 있도록." 두 사람의 이야기는 계속된다.

주 소	슈리 아카다초 1-17
	首里赤田町 1-17
전 화	098-943-6239
시 간	11:00-17:00
정기휴일	월요일
주 차 장	근처에 유료주차장 있음

37 New Okinawa Trip
나하 | 마키시 | 커피

커피 포장마차
히바리야
珈琲屋台 ひばり屋

도시 속에 고즈넉하게 서 있는
하늘 아래 커피점

몇 번이나 장소를 옮겨도 분위기는 변하지 않는다. 그것은 아마 쓰지 씨가 가게 그 자체이기 때문일 것이다

주 소 나하시 마키시 3-9-26
그랜드 오리온 거리의
오리온 약국 옆
좁은 골목 안
那覇市牧志 3-9-26
전 화 090-8355-7883
시 간 10:30~19:00
정기휴일 부정기 · 악천후 시
주 차 장 없음

도시 속에서 자연을 느낄 수 있는 장소

도시 안이지만 그곳은 녹색으로 넘친다. 틈새 사이로는 빛이 쏟아져 내린다. 식물들과 바싹 달라붙어 있는 벤치도 놓여 있다. 포장마차에서는 쓰지 사치코 씨가 커피를 끓이고 있다. 이곳에 오면 쓰지 씨가 몇 명의 손님과 즐거운 듯이 이야기를 나누고 있는 모습을 본다. 히바리야가 오키나와에 나타난 지 벌써 13년의 세월이 흘렀다.

지바현 출신. 광고대리점에서 열심히 일했지만, 늘 요식업을 해보고 싶다는 바람이 있었다. 그래서 용감하게 퇴직했다. 그러나 막연히 요식업이었을 뿐, 구체적으로 무엇을 하고 싶은지 알 수 없어서 고민하는 나날을 보내야 했다. 그러던 어느 추운 날, 아이디어가 번득였다. "포장마차라면 요식업의 모든 것을 직접 할 수 있어. 그것도 오키나와라면 야외에서 기분 좋게 할 수 있을 것 같아!" 그 충동에 사로잡혀 행동 개시. 그러나 포장마차

골목 안에 있는 가게를 찾기가 쉽지 않지만, 바로 그곳에 휴식 공간이 기다린다

로 보건소에 영업신청을 할 수 있을지도 알 수 없었다. 나하시 마키시에 있는 미도리가오카 공원이 마음에 드는 장소였기 때문에 그 근처에 포장마차를 낼 수 있는지, 인근 사람들에게 물어물어 귀동냥을 할 수밖에 없었다. 포장마차는 리어카를 사다가 친구의 도움을 받아가며 직접 만들었다. 넉 달이 지나서야 비로소 '커피 포장마차 히바리야'가 탄생한 것이다. 쓰지 씨의 나이 32세 때

의 일. 막상 시작해보니 일은 꽤 힘들었다. 그러나 오키나와의 바람은 기분 좋고 사람들은 부드러워서, 일주일 정도 지나자 곧 익숙해졌다. 소소한 즐거움도 맛볼 수 있게 되었다. 하루하루 거친 파도를 헤치며 사느라, 살 집을 찾은 것도 조금 나중의 일이다. 살 집을 얻기 전까지 그냥 숙박업소에서 지냈을 정도이니, 그가 얼마나 포장마차에만 열중해 있었는지 짐작이 간다. 사방이 건물로 에워

커피 포장마차 히바리야

싸여 있어 큰길에서는 절대로 보이지도 않는 구석지고 외진 장소. 그러나 쓰지 씨는 오히려 그곳을 들여다보고는 "여기다!" 싶었다고. 사람들은 장사하기에는 맞지 않는다고 말렸지만, 직감을 믿고 앞으로 나아갔다. 공터에 포장마차를 넣기 위해 콘크리트를 부수고 지붕을 달았다. 포장마차를 가져와 한가운데에 배치하니 완성. 기둥과 입구를 제외한 곳에는 친구들이 가져다준 폐자재로 좌석이나 데크도 만들었다. 오키나와에 와서 만난 좋은 사람들이 쓰지 씨의 희망을 이루어 주었다.

처음에는 아침식사 포장마차를 하고 싶었다. 하지만 보건 문제나 포장마차 사이즈 등의 문제로 할 수 있는 일의 범위를 좁혀야 했다. 그래서 선택한 것이 커피 전문점. 2007년부터 2009년까지 영업한 다음, 두 번의 이전을 거쳐 현재 위치로 옮겼

모두가 그녀의 웃는 얼굴이 보고 싶어서 하늘 아래 커피숍으로 모여든다

다. 몇 번이나 이전해도 히바리야는 히바리야 그대로다. 맑은 날은 기분 좋게 포장마차를 연다. 흐린 날도 부드러운 빛이 좋다. 그러나 비가 오는 날은 지인의 집이나 가게에 배달을 다닌다. 이벤트가 있으면 많은 커피를 준비해서 나간다. "나하는 지역주민뿐만 아니라 관광객도 많이 오가는 곳이기 때문에 여행이나 출장으로 올 때마다 마음을 써 주는 사람들이 많아요. 야외에서 마시는 커피는 굉장히 예뻐 보일 때가 있지요. 게다가 도시에 있으면서도 자연의 공기를 흠뻑 느낄 수 있어요. 오키나와이기 때문에 포장마차의 좋은 점을 최대한으로 살릴 수 있는 거라고 생각해요."

올해부터는 저축도 할 수 있게 되었다며, 쓰지 씨는 웃었다. 걸어온 길은 조금 별나지만 그녀가 만들어낸 공간은 틀림없이 특별하다.

38 New Okinawa Trip
나하 | 쓰보야 | 그릇

도陶 · 요카리요
陶 · よかりよ

그릇 하나만으로도 화려해지는 식탁
개성적인 그릇이 한데 모인 도기 가게

우키시마 거리를 벗어난 뒷골목에 조용하지만 눈에 확 띄는 노란색 가게가 있다. 9평 정도의 가게 안에는 개성 넘치는 작가들의 그릇이 상시 300점 정도 진열되어 있다. 가게 안에는 얼핏 보면 무서운 인상의 남성이 한 명 있다. 그 인물이 바로 가게 주인장인 야타가이 아키히코 씨. 그는 그릇에 대해서 한 번 이야기를 시작하면 멈추지 않는다.

그릇 이야기가 나오면 자연히 대화가 활기를 띤다

야타가이 씨는 어머니의 고향이 아마미오시마 섬이어서 막연하게 언젠가는 남쪽으로 돌아갈 거라 생각은 하고 있었다. 그러나 오키나와 출신의 아내와 결혼하면서 생각보다 빨리 오키나와로 오게 되었다. 오키나와로 이사를 오자, 자신이 하고 싶고 할 수 있는 일의 틈새가 보이기 시작했다. '좋아하는 그릇을 볼 수 있는 곳이 없다'는 점을 발견한 것이다. 당시 오키나와에서는 요미탄의 야치문이나 쓰보야야키 같은 전통적인 그릇 외에 다른 도기들은 좀처럼 볼 수가 없었다. "오키나와에서도 좋아하는 그릇을 계속 볼 수 있는 곳을 만들어야겠어."

그는 평소 자신이 좋아하는 그릇을 만든 작가에게 편지를 쓰는 것부터 일을 시작했다. 작가와 작품을 충분히 이해하기 위해서다. 야타가이 씨가 취급하는 어떤 작가의 그릇은 찌그러져 있는 것처럼 보이거나, 여러 가지 그림 무늬가 그려져 있는 등 상당히 개성적인 것도 많다. 그러면 손님들로부터 "이 그릇은 전부 뒤틀려 있네요. 작가가 젊어서 아직 잘 못 만드나?" 그런 말을 들을 때도 있다. 그때마다 야타가이 씨는 진심을 담아 그릇의 매력을 자세히 설명해 준다.

그는 염해와 강한 햇빛으로 상하고, 세월이 흐르면서 변화해 가는 '벽을 매우 좋아'한다. 집에서 가게까지는 도보로 40분 정도. 카메라를 들고 거리의 벽을 바라보며 걷는다. 그릇은 어떻게 사용하느냐에 따라서 좋은 그릇도 되고, 그 반대가 되기도 한다. 그는 사용하는 사람의 손으로 그릇을 키워 가는 감각을 알리고 싶어 한다.

도 · 요카리요는 바닥도, 벽도 조금씩 변화를 계속하며 10년 세월을 통해 아름다운 공간으로서의 매력을 갖추기 시작한 것 같다.

주 소	나하시 쓰보야 1-4-4
	那覇市壺屋 1-4-4
전 화	098-867-6576
시 간	10:00-19:00
	(일요일・공휴일은 12:00-)
정기휴일	수요일
주 차 장	없음

39 New Okinawa Trip
나하 | 히가와 | 식당

아메이로 식당
あめいろ食堂

언제 와도 그리운,
다녀왔습니다,
라고 말하고 싶어지는 밥집

주　소　나하시 히가와 1-3-7
　　　　那覇市樋川 1-3-7
전　화　098-911-4953
시　간　12:00～15:00,
　　　　18:00～20:00,
　　　　토·일 12:00～20:00
정기휴일　월·화
영업일과 시간은 Facebook에서
확인할 것

노스탤직한 분위기의 가게 안에서
다테노 씨가 웃는 얼굴로 맞아 준다.
정식은 누구나 안심하게 되는
어딘가 그리운 맛

서로 맞닿아 있는 건물 사이에 비좁게 끼어 있는 듯, 옛 집 한 채가 서 있다. 미닫이문을 드르륵 열고 가게 안으로 들어가면 왠지 그립고 편안한 기분이 느껴진다. 오늘의 정식은 고등어 초간장 절임 정식. 여주 무침, 버섯 곤약 볶음, 오이와 생강 절임에 고슬고슬하게 지어진 흑미밥. 가다랑어포가 듬뿍 들어 있는 가추유[1]에는 된장을 취향에 따라 넣는다.

여행을 왔다가 오키나와를 좋아하게 된 다테노 게이코 씨. "구체적으로 어디에서 가게를 열지는 정하지 않았지만, 당연히 오키나와에서 열어야 한다고 자연스럽게 생각했어요."

가게 자리는 지은 지 40년은 지난 오래된 민가. 일을 마치고 돌아오는 길에 저녁 사먹기 좋은 가게가 별로 없다고 느끼곤 했다. 그래서 집밥을 먹고 싶은 사람도 있지 않을까, 하는 마음으로 '아메이로 식당'을 열었다. "힘든 일도 물론 있지만 좋아하는 일을 할 수 있어 스트레스 없고 행복해요. 밖에서 보면 일이지만 제게는 그냥 생활의 일부예요. 오늘은 더우니까 차가운 걸 먹고 싶지 않을까, 하는 식으로 그날의 기분에 따라 메뉴를 정하죠. 그저 매일 대가족의 밥을 짓고 있는 것 같은 느낌이랄까."

접시를 닦으면서 멍하니 창밖의 길을 바라보고 있을 때, 질그릇 냄비에서 밥이 보글보글 잘 익었을 때, 왠지 묘하게 마음이 충족되는 기분이 든다. 미닫이문을 열고 가게 안으로 들어가, 마음에 드는 자리에 앉는다. 뭐라고 표현할 수 없이 편안함이 가득하다. 이곳에 사는 사람이 애정으로 가꾼 이 집만의 분위기와 다정한 마음이 깃들어 있기 때문이다.

[1] 오키나와의 가정에서 옛날부터 즐겨 먹었던 수프. 그릇에 가다랑어포를 듬뿍 넣고 된장을 넣은 후 뜨거운 물을 부어서 먹는다

40
New Okinawa Trip
나하 | 니시하라 | 이벤트

언덕 위 교회의 앞마당시장 ▪ for 3.11 children
丘のチャペルのおにわ市 ▪ for 3.11 children

생산자들이 모여,
사람과 사람 사이의 마음을 잇는
수공예장터

잔디 위에 알록달록한 텐트가 늘어서고 커다란 대만고무나무 밑에서 아이들이 놀고 있다. 오늘은 '언덕 위 교회의 앞마당시장.' 니시하라의 오나가에 있는 대학 캠퍼스가 이 날만은 어른부터 아이들까지 가득하다. 쇼핑을 즐기고 서로 교류를 나누며 웃음으로 넘치는 하루가 된다. 주최자는 하리모토 후미아키 씨와 미카 씨.

"여기서 만난 어머니들은 완성도 높은 잡화를 만드는 분들이 많았어요. 그렇다면 만드는 사람도, 사고 싶은 사람도 많이 있지 않을까 싶어서, 2006년에 '숲속의 작은 앞마당시장.'을 15부스 정도 차려서 개최했지요."
첫 경험이었지만, 개최해 보니 비가 오는데도 놀랄 만큼 많은 사람들로 붐볐다. 이렇게 많은 사람들이 즐겨 준다면, 조금 규모를 키워도 좋지 않을까 싶었다. 그래서 다

이벤트 장소가 된 캠퍼스의 커다란
대만고무나무 아래에서

공예품, 잡화, 빵, 과자 등 70명 정도의 출점자가 모이는 수공예장터. 매년 봄과 가을에 두 번 개최 예정. 수익금은 전부 동일본 대지진의 부흥 지원을 위해 기부된다

장　　소	오키나와 기독교 학원 대학 캠퍼스 (변경되는 경우 있음) 자세한 사항은 공식 블로그에서 확인
이 메 일	208for311@tidakids.info
홈페이지	http://oniwa1for311children.ti-da.net

음 회에는 후미아키 씨의 직장인 오키나와 기독교 단기대학의 캠퍼스를 빌려서 개최했다. 조금씩 규모가 커지고, 회를 거듭할수록 수공예장터는 현 내에서 작은 화제가 되었다. 2008년이 되자 수많은 장터가 개최되고 각지가 손님들로 북적거렸다. 앞마당시장.도 예외는 아니어서 500대 규모의 주차장이 2시간 동안 가득 차고, 인근 도로에 정체를 일으킬 정도로 마비 상태가 되기도 했다.
그런데 이듬해에 동일본 대지진이 터졌다. 엄마의 입장이다 보니, 피난소에서 생활할 수밖에 없는 아이들을 생각하면 마음이 아팠다. 아이들이 마음의 양식을 잃지는 않을까, 조금이라도 도울 수 있는 일은 없을까, 미카 씨는 매일매일 그런 걱정과 고민을 했다. 그리하여 그해 5월 4일과 5일에는 처음으로 이틀 내내 앞마당시장.을 개최했다. 동료 작가나 가게, 생산자들에게 제안해서 그림책과 기부금을 모으고, 그것을 지진피해지역으로 보내기 위해서였다.

"작가들은 매일 하는 자신들의 일을 통해서 지진피해지역을 지원할 수 있어요. 손님들은 쇼핑이라는 일상의 행위로 지원할 수 있죠. 우리는 앞마당시장.을 계속함으로써 지원할 수 있고요. 특별한 일이 아니라 각자 자기 생활의 연장선에서 지원해 나갈 수 있으니까 좋았어요."
그때 790권의 그림책이 모였다. 그 이후로 두 사람의 마음속에서 앞마당시장. 개최의 동기와 의미가 조금씩 바뀌었다. 당일에는 자원봉사 스태프를 모집하지만, 사전준비는 처음부터 끝까지 둘이서 맡는다. 그리고 매상에서 일부 경비를 공제하고 지진피해지역에 기부하고 있다. 'for 3.11 children'이라는 이름으로 일 년에 봄, 가을 두 번씩 개최하고 있다.
마음은 겉으로 드러나기 마련. 다른 사람을 생각해 주는 마음, 서로 돕는 마음, 미래를 생각하는 마음. 그런 다정한 마음이 모여서 앞마당 시장.의 행복한 공간이 만들어진다.

오키나와다운 풍경 앞에,
넓고 커다란 바다가 펼쳐진다.
차로 한 바퀴 돌아보기.
또는 집으로 돌아가는 비행기까지
얼마 남지 않은 시간.
그것은 틀림없이 여행의 추억을
더욱 풍부하게 해 줄 터.

아들 사쿠타 군이 기운차게
뛰어다니는 가게 안.
아이와 함께라도 부담 없이
시간을 보낼 수 있습니다

41 New Okinawa Trip
남부 | 난조시 | 갤러리 카페

그릇 + 카페 보노호
BONOHO
うつわ+喫茶 BONOHO

여기에 있는 것은
내가 갖고 싶은 것

사토 나오미치라는 작가는 작품을 만드는 데 있어서는 한없이 자유롭고, 심지가 굳다. 찌그러진 모양과 아무렇게나 그려진 것처럼 보이는 무늬. 하지만 그것은 이상하게도 손에, 식탁에 금세 익숙해진다. '보노호BONOHO'는 그런 사토 씨의 집에 있는, 그릇과 차를 파는 가게. 부지 안에는 공방도 지어져 있다.

사토 씨는 나가노현 출신. 스무 살 때 오키나와 현립 예대 조각과에 입학한 것을 계기로 오키나와에서 살게 되었다. 대학에서는 조각을 배웠고 그대로 대학원에 진학했다. 졸업 후에도 6년 정도 그 분야의 조수로 일했다. 결혼을 하면서 신혼여행을 겸해 독일로 건너갔다. 학생 비자를 받아 뮌헨의 예술대학에 게스트 학생으로서 학비를 면제받으며 유학도 했다. 그때의 전공은 사진이었다. 하지만 학교생활보다도, 독일을 거점으로 스페인, 호주, 프랑스, 모로코 등 1년 동안 실컷 여행을 하며 보낸 시간들이었다. 그러다가 현재 '스이엔'을 경영하고 있는 모리시타 부부의 결혼식에 참석하기 위해 잠시 귀국했다. 독일의 '어둡고 추

운' 분위기에서 벗어나 오키나와의 밝고 따뜻한 분위기에서 작업하고 싶다는 생각이 불현듯 들었다. 그런데 대뜸 시작한 것은 조각이 아니라 도예였다. '도예 작가는 슬리퍼에 반바지 차림으로 즐겁게 일하는 이미지'가 있었기 때문. 도예를 시작할 때 친구인 도예가 히가시온나 미카 씨가 가마를 만들어 주고, 마찬가지로 도예가인 마스다 료헤이 씨가 기초를 가르쳐주었다. 완전히 귀국을 한 뒤 집 옆에 지은 공방에서 밤낮으로 만들고 또 만들었다. 그러나, 만들어도 만들어도 계속 실패했다. 좀처럼 만족스런 작품을 만들지 못한 채, 시간은 자꾸 흘러갔다. 그러다가 공방을 본 모리시타 부부로부터 빵가게 짓는 것을 도와달라는 부탁을 받았다. 그 후 몇 건의 목공 일을 맡아 생활비를 벌면서 작품을 만드는 데 매진했다. 처음으로 작품을 판 것은 2012년 여름, 기노완시의 잡화점 '모프모나 노 자카mofgmona no zakka'였다. 가게에서의 반응도 좋았다. 그렇다면 직접 판매할 수 있는 장소, 직접 손님과 얼굴을 마주할 수 있는 장소를 만들고 싶어져, 집을 고치고 수리해 가게를 열

하늘에 녹아드는 색깔을 가진 외관

갤러리 공간에는 사토 씨의 작품이 진열되어 있다

직접 만든 공방에는 빛이 비쳐든다

오리지널리티가 넘치는 작품

과자와 천으로 된 작품도 만드는 마코토 씨와 사쿠타 군

주 소	난조시 사시키 데도콘 65
	南城市佐敷手登根 65
전 화	098-947-6441
시 간	12:00-17:00
영업일	수·목요일
주차장	있음

지역의 재료를 듬뿍 사용한 그린카레, 카페 메뉴 부활 희망

그릇 + 카페 보노호 BONOHO

기로 했다. 여기서부터는 또 그의 특기인 목수 일이 등장했다. 그의 집은 콘크리트로 지은 오키나와다운 민가. 처음에는 아무리 해도 완성된 모습을 그려낼 수가 없었지만, 전체를 하얀색으로 칠했을 때 겨우 이미지가 생겨나기 시작했다. 테라스석의 지붕, 테라스, 카운터에 전시대, 바닥에는 판자를 깔고 벽도 증설했다. 밖에는 화장실도 만들었다. "사실은 원룸으로 만들고 싶지만, 잘 곳이 없어질 것 같아서 참고 있어요(웃음)."

월요일부터 목요일까지가 제작(가끔 쉬기도)이고, 금요일이 가게 준비를 하는 날이며, 토요일과 일요일에 영업을 한다. 작품만 전시하는 것이 아니라 가게 안에서 편안하게 쉴 수 있도록 카페 메뉴도 준비했다. 나오미치 씨는 직접 로스팅기를 만들어 버릴 정도로 커피를 좋아한다. 그런 나오미치 씨가 끓이는 커피와 아내 마코토 씨가 난조시에서 딴 허브로 만드는 그린카레를 맛볼 수 있다. 카레는 물론 나오미치 씨의 그릇에 정갈하게 담겨 나온다.

흰색을 기조로 한 산뜻한 분위기의 가게

가게 안에서는 아들 사쿠타 군이 밝게 뛰어다닌다. 비슷한 나이 대의 가족들이 와서 엄마들은 수다를 떨고 아이들은 마당에서 뛰어논다. 작품을 사는 사람과 직접 커뮤니케이션을 할 수 있는 것은 작가에게도 자극적인 일. 여러 사람들과 함께 주말을 보낸 후 다시 제작으로 돌아간다. 현재는 카페 메뉴는 영업을 하지 않고 수, 목요일만 가게를 연다. "사용하는 사람의 편의성은 물론이고, 즐거운 기분까지 만들어내고 싶네요."

처음에는 아무것도 정하지 않고 만들어낼 때가 많다. 우선 흙을 만지고, 거기에서 형태를 끼워 맞춰 간다. 스스로도 만들어진 형태에 놀라게 되는 즐거움이 있다.
'내가 갖고 싶은 것(보쿠노 호시이 모노)'을 만드는 것. 그것을 계속 쌓아 가는 게 사토 씨의 작가로서의 방식이다. 도자기도 조각도 보노호라는 공간도, 사토 씨에게는 마찬가지로 자기표현의 하나가 아닐까 싶다.

42 Parlour de jujumo

New Okinawa Trip
남부 | 도미구스쿠시 | 팔러

팔러 드 주주모

아이도 어른도 웃을 수 있는,
길가에 핀 작은 팔러

주　　소	도미구스쿠시 요네 490-3 豊見城市与根 490-3
전　　화	080-4278-8150
시　　간	08:00~13:00 (토·일은 11:00~16:00)
정기휴일	부정기
주 차 장	있음

민가의 주차장에 갑자기 '팔러 드 주주모Parlour de jujumo'라는 낯선 공간이 나타났다. 뭐라 표현할 수 없는 둥글둥글한 상자에 귀여운 타일의 카운터. 이곳을 오픈한 것은 마루야마 마코토 씨와 에리나 씨다. 두 사람은 주주모jujumo 명의로 활동하는 아티스트이기도 하다. 도쿄에서 활동하다가 활동을 매듭짓고 에리나 씨의 고향인 오키나와로 돌아왔다. "이곳에서는 우리 본연의 모습으로 있을 수 있다고 느꼈어요." (마코토 씨)

오키나와에서 두 사람은 TV나 영화 음악의 제작을 담당하거나, 주주모jujumo로서의 라이브, 디자인 아트워크 등 정열적으로 활동을 계속했다. 그러나 도쿄 시절 10년 동안 바텐더로 일했던 경력을 갖고 있는 마코토 씨는 언젠가 자신들의 가게를 여는 것도 괜찮겠다는 바람을 조금씩 키워가고 있었다. 그러던 때에 인터넷에서 발견한 것이

'팔러 팝니다'라는 정보였다. 그것도 파격적으로 싼 가격에. 조사해 보니 딱 본가 주차장에 들어가는 사이즈. 당장 그 팔러를 구입해서 옮겨 왔다. 배관 공사를 하고, 콘크리트를 부어서 고정하고, 카운터를 만들어 가게로 바꾸어 버렸다.

메뉴는 사탕수수 주스와 커피. 그리고 효소현미 카레와 베지터블 버거. 효소현미카레는 바텐더 시절에 스리랑카인 셰프가 만들곤 했던 치킨카레가 베이스다. 베지 버거는 제철채소로 만든 소테에 직접 재배한 허브를 넣은 두유 마요네즈, 풍성한 채소를 '야에다케 베이커리'의 번 사이에 끼워 만든다. 베지 버거는 아이들에게 인기. 500엔짜리 동전을 움켜쥐고 사러 오는 아이도 꽤 있다.

아침에는 6시에 일어나 개점 준비, 8시에 오픈한다. 손님이 가장 많은 피크 시간은 점심때. 오후 1시까지 영업을 하고 그 후에는 음악 제작 활동이

길가에 나타난 귀여운 상자. 작은 주방 안에서 만든 효소현미카레(600엔)나 베지 버거(300엔), 갓 짜낸 사탕수수 주스 등을 먹을 수 있다

나 라이브를 하러 간다. 하지만 영업시간이 아닐 때에도 미리 전화를 하면 일부러 나와 주기도 한다.

"기본적으로는 가게를 보는 사람이 한 명이에요. 집이 바로 뒤라서 손님이 많을 때는 SOS를 보내 당장 와 달라고 하죠." (에리나 씨)

아이들은 집에 가는 길에 들러서 사 먹는다. 그리고 틀림없이 어른이 되었을 때 추억으로 이야기할 것이다. 길가에 있던 가게에서 자주 햄버거를 먹곤 했어, 라고. 주주모는 틀림없이 누군가의 소중한 추억으로 남을, 그런 존재다.

인근의 아이들이 쓴 귀여운 편지. 지역에서 사랑받고 있다는 증거

43 우치다 제빵

New Okinawa Trip
남부 | 야에세초 | 빵

内田製パン

쫄깃하고 폭신한
일상이 있는 빵집

주　　소　시마지리군 야에세초 字富盛 337
　　　　　島尻郡八重瀬町字富盛 337
전　　화　098-998-0322
시　　간　11:00-19:00
정기휴일　월 · 화요일
주 차 장　없음

학교 도서관에서 봤던 책에 실려 있던 '마치 외국 같은' 오키나와라는 장소에서 살고 싶다. 어머니가 가끔 구워주던 빵. 오키나와에서 빵 가게를 열고 싶다는 것이 어릴 적 꿈이었다. 가나가와현이 고향인 우치다 사야카 씨는 고등학교를 졸업하자마자 오사카의 전문학교에서 제빵을 공부했다. 스무 살이 지나자 일이 정해지지도 않았지만 오키나와로 이주했다. 좀처럼 본인이 생각하던 빵집이 없어 우선 다른 일을 시작했다. 그래도 동경해오던 오키나와는 마음 편안한 곳이어서 시간은 금방 지나갔다. 9년을 일하고 나서 빵집을 열기 위해 움직였다. 몇 군데 빵집에서 아르바이트를 하면서 감각을 회복했다. 오픈하기 위해 찾은 곳은 지인이 소개해준 야에세초 주택가에 위치한 가게. 차량은 좀 다니지만 사람들의 발걸음은 적은 곳이었다. 입지조건이 조금 불안했지만 지금도 빵을 사러 오는 근처 아저씨도 있고, 주변 사람들의 도움을 받고 있다. 만들고 싶은 것은 부담 없는 가격의 맛있는 빵. 본인이 좋아하는 딱딱한 빵부터 크루아상, 조리빵까지 다양하다. 건포도로 배양한 자가 천연효모와 이스트를 사용하고, 밀가루는 빵에 맞추어 블렌딩한다. 쫄깃하고 폭신한 일상의 시간을 행복하게 해주는 빵이 여기에 있다.

효모 종계 작업 중인 우치다 씨. 이 손에서 행복한 빵이 만들어진다

44 New Okinawa Trip
남부 | 난조시 | 식당

식당 카리카
食堂 かりか

해변에 있는 네팔 요리점

여름의 더운 날도 물론 좋지만, 가령 초겨울의 따뜻한 날, 봄이나 가을, 맑은 하늘이 기분 좋게 느껴지면 계획 같은 건 세우지 말고 불쑥 찾아가는 게 좋다. 비수기에는 해변에 사람도 별로 없을 때가 많아서, 운이 좋으면 그 아름다운 바다를 독점할 수 있다. 그곳에는 오직 하늘과 바다의 푸른 세계뿐. 가끔 노란색 글래스보트가 지나간다. 그리고 그냥 밀려왔다가 돌아가는 파도 소리. 아무것도 생각하지 않고 느긋하게 있는 것도 좋다. 책을 읽는 것도 나쁘지 않을 것이다. 이곳에 오면 마음이 리셋된다.

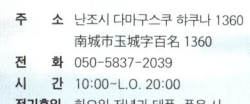

인도에서 10년 동안 수행을 쌓은 제이시 멜라얀 씨와 세이코 씨의 가게. 카레 외에 라씨, 네팔 맥주도 드실 수 있어요

주　소　난조시 다마구스쿠 하쿠나 1360
　　　　南城市玉城字百名 1360
전　화　050-5837-2039
시　간　10:00-L.O. 20:00
정기휴일　화요일 저녁과 태풍, 폭우 시
　　　　영업일, 시간은 계절에 따라 변동

'도방 마키야'는 사탕수수밭이 펼쳐져 있는 난조시 사시키 한쪽에 있다. 오래된 민가를 고쳐 꾸민 매장은 멀리서 보면 사탕수수에 파묻힌 것처럼 보인다. 공방 겸 집을 지나 매장 안을 들여다본다. 오래된 집에 오키나와의 야치문(도자기) 같은, 보통 때 늘 사용하는 집기들이 나란하다. 손에 들어 보면 그릇 안에 식탁의 풍경이 오롯이 담겨 있는 것만 같다.

마키야 오사무 씨는 도예가 오미네 짓세이 씨 밑에서 7년 동안 공부하다가 2001년에 독립했다. '원래 입체 조형을 좋아했던 데다 그 어려움이 재미있어서' 도예에 빠져들었다. 전통을 기본으로 하면서도 현재의 생활에 자연스레 쓰일 수 있는 그릇을 만들고 있다.

처음 독립했을 무렵에는 슈리에 있는 본가에 가마를 두고 있었다. 그곳이 좁아져서 이사를 생각했다. 평생 살게 될 장소를 찾는 것이라 온나손, 나고 등 폭넓게 찾아보고 다녔다. 남부의 '산 쪽'은 원래 좋아하는 지역. 우연히 매물로 나온 이 토지를 발견했고, 보러 왔을 때는 자연에 둘러싸인 환경에 마음을 빼앗겼다. 부랴부랴 이사를 결정했다. 오래된 민가는 심하게 손상되어 있어서 원래 전부 허물 예정이었다고 한다. 하지만 고민한 끝에 조금씩 고치고 수리해 정식 매장으로 오픈했다. 그러나 아직도 여기저기 고치고 있는 도중. 매장 옆에는 공방 겸 집을 두었다. 생활의 터전이 가까이에 있으면서도, 조용한 곳에서 제작에 집중할 수 있는 환경에 매우 만족하고 있다.

"생활 속에서 도기를 흔히 쓰는 오키나와이기 때문에 더욱 도기를 구울 수 있는 것 같아요. 그 사실에 감사하면서 차근차근 해 나가고 싶어요. 언젠가는 장작 가마를 만들고 싶네요. 제가 만드는 건 특별한 그릇이 아니라 보통 때 늘 사용하는 그릇이에요. 그 일상의 질을 높여 나가고 싶어요."

주　소　난조시 사시키야쿠비 447
　　　　南城市佐敷屋比久 447
전　화　098-947-1320
정기휴일　부정기
주 차 장　있음
오실 때는 사전에 연락해 주세요

사탕수수밭에 둘러싸여 있는, 몹시 조용한 공방. 마키야 오사무 씨는 이곳에서 가족과 함께 살고 있다. 그의 작품에서는 오키나와의 흙냄새가 난다

New Okinawa Trip
남부 | 난조시 | 도예

45 도방 마키야

陶房 真喜屋

사탕수수밭 맞은편
'일상'의 질을 높이는 도기공방

이번에 만난 45곳의 사람들은 지금 있는 곳에 도착하기 전까지
위험도, 고생도 많이 겪었습니다. 그런데도 모두들 그것을 가볍게 뛰어넘어
생각한 것을 하나씩 실현해 내고 있는 듯 했습니다.

물론 오키나와는 이곳에 오는 것만으로도 꿈이 이루어지는
마법의 공간이 아닙니다. 모든 것은 한 사람 한 사람의 노력 위에서 지어집니다.
하지만 누구나 기분 좋은 장소에서 마음 편한 생활을 할 권리가 있습니다.
이번 여행은 그것을 깨닫게 해주는 여행이기도 했습니다.

흔쾌히 취재를 받아들여주신 45곳의 주인장 여러분께 진심으로 감사드립니다.

멀리 떨어진 곳에서 저를 믿고 자유롭게 책 만드는 일에 몰두하게 해 주신
WAVE 출판의 나카무라 씨에게도 감사드립니다.
그리고 제 말도 안 되는 주문에 계속 응해 주신 사진가 아오즈카 씨,
디자이너 야마모토 씨에게도 정말 감사드립니다. 고맙습니다.

이번에 소개해 드린 것은 오키나와의 극히 일부입니다.
오키나와는 참푸루[1] 문화라고 하는 것처럼, 여러 가지 매력이 버무려진 섬입니다.
매력적인 사람도, 가게도, 문화도 아직 더 많이 있지요.

이 책이 멋진 만남의 계기가 될 수 있기를 바랍니다.
당신에게만 있는 특별한 오키나와의 매력을 찾을 수 있기를.

저는 오키나와에서의 생활을 이제 막 모색하려는 참입니다.
앞으로도 저의 오키나와 여행은 계속될 것입니다.

세소코 마사유키

1 채소나 두부, 그외 갖가지 재료를 함께 볶은 오키나와 요리. 참푸루는 오키나와 방언으로 '이것저것 뒤섞다'라는 뜻

1
New Okinawa Trip

CHUBU MAP
오키나와 ⟶ 중부

히즈키 hizuki
(갤러리 p36)

마에다사키 곶
청(靑)의 동굴이 인기

지역 식자재를 사용한 빵
오토나리야 (빵)

자키미 성터

야치문의 마을

가깝습니다
텐 ten (잡화)
로구이 roguii (카페)
지지 카페 jiji cafe (카페)
오마북스 OMAR BOOKS
(책 p26)

스이엔
(빵 p50)

긴치지 소바

인디고 Indigo
(가구 p22)

도구치 비치
석양을 보러 가요

타임리스 쵸콜릿
Timeless Chocolate
(쵸콜릿 p60)

명물 햄버거
GORDIE'S (카페)

GOOD DAY COFFEE

봉고 앤 앵커
VONGO & ANCHOR
(카페 p40)

카르마 오가닉스
KARMA ORGANICS
(오가닉 p54)

지나는 길에 골동품,
가구 가게가 이어져 있음
필 PEAL, 이나
시카고 앤티크
CHICAGO ANTIQUES 등

명물 머핀
오랑주
(과자)

MIX life-style
d & department

고메야 마쓰쿠라
(카페 p66)

HYGGE

잡화점 소

이국적 정서가 넘치는
외국인 주택가

오키나와 세라도 커피
(커피)
rat & sheep
(카페)
오하코르테
(타르트)

ippe coppe
(빵 p14)
PORTRIVER
MARKET
(셀렉트숍 p18)

아마쇼쿠베니카
식빵 가게

우라소에시
repos (빵)
지역 주민에게 인기

니시하라

모프모나 mof&mona /
모프모나 노 자카
mof&mona no zakka
(카페, 잡화 p62)

무나카타도
(빵 p68)

식품가공점 푸카푸카푸카 (고기) 맛있는 소시지

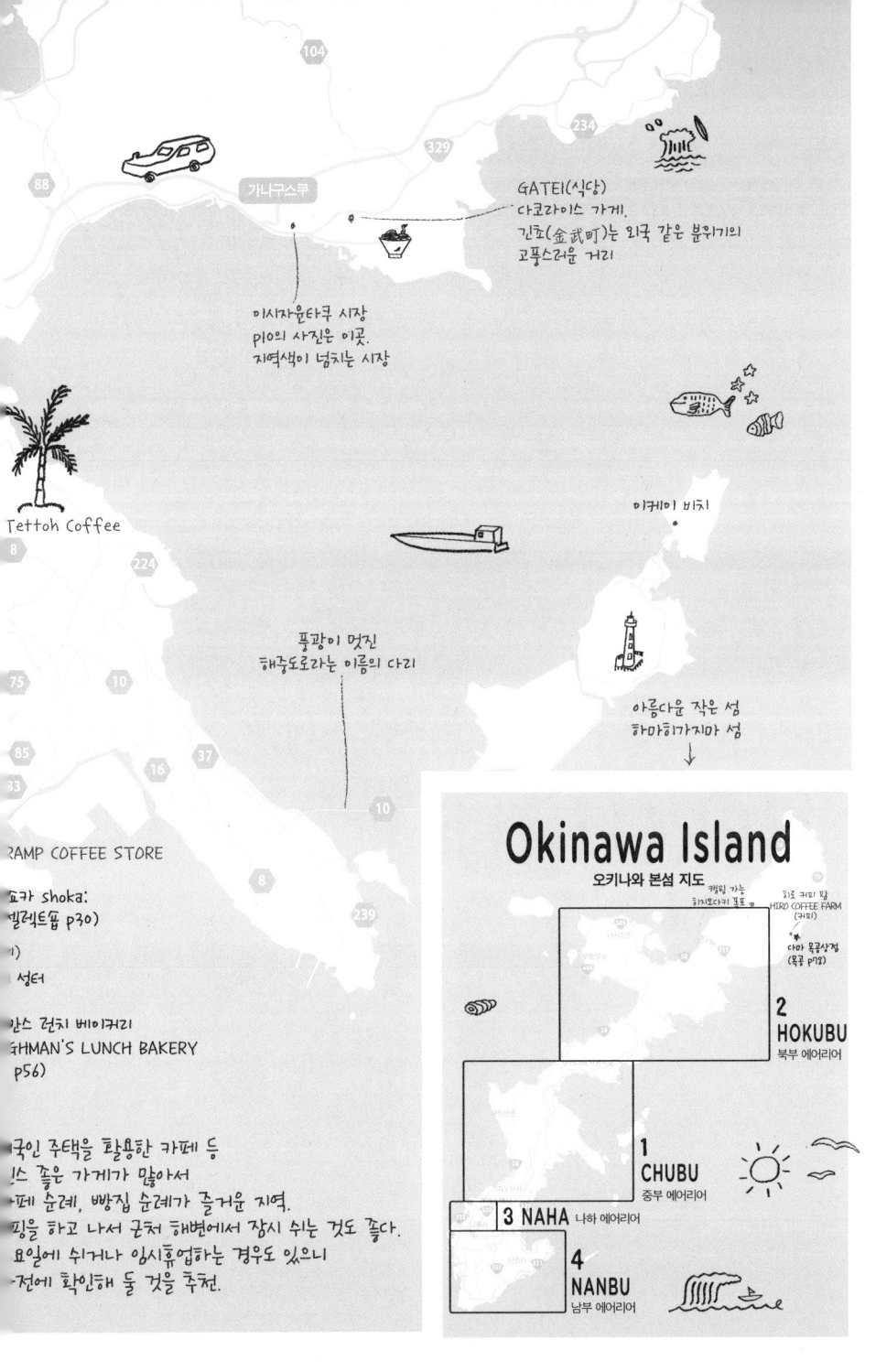

모토부 수공예장터(이벤트)
매달 셋째 주 일요일에
모토부초 운영 시장에서 개최

비세의
일본 망고스틴 가로수길

SOMOS (숙소 P72)

오키나와
추라우미 수족관

전통마을
'이마도마리'

나키진 성터
나키진손

115

고쿠 ☕
(카페 p80)

구니가미

모토부초

북부 지방에는
아름다운 자연을 가진 해변이 많아요.
작은 마을을 보아도 마음이 편안해지죠.

링고 카페

모토부초 동사무소

야에다케 베이커리
🍞 (빵 p90)

172

하코니와
(카페 p102)

석양도 아름다운
세소코 비치

사쿠라노모리 공원
1월 중순부터
벚꽃 축제 개최

야에다케 산

449

지역 주민들에게
사랑받는 인기매장
빵 드 카이토
Pain de Kaito (빵)

2
New Okinawa Trip

HOKUBU
MAP

오키나와 ⟶ 북부

팔러 마루미트
p150 사진에 나온 가게
빙수를 먹으며 잠시 휴식

교다

만자모

온나손 공영비치
지역 주민도 이용

58

기노자

104

기노자손

329

23

고리지마 섬
바다를 건너는 다리에서
바라보는 풍경이 최고예요

오키나와 식재료가 맛있는
에미노미세 (식당)

틴토 틴토 tinto tinto
(숙소 p100)
웃파마 비치가 바로 앞에 있어요

얀바루란 '산과 들'을 말함.
오키나와 현에서는 특히 풍부한 자연을
만끽할 수 있는 지역

카랑 CALiN
(카페,잡화 p86)

오기미 중학교 옆의 길로 들어갑니다.
다무라 가마
(도예 p94)

다마 목공상점은
(목공 p76)
p152의 본섬 지도에
있습니다

p96)

바로 근처에 'smile spoon'
이라는 카페도 있어요

시마 도넛
(도넛 p84)

히가시 식당 (식당, 빙수)
3색팥빙수가 맛있음

모토부에서 이즈미로 가는 길은 '소바 가도'
라고 불릴 정도로, 맛있는 오키나와 소바 가게가 많음.
추천 식당은 '유메노샤'

나키진, 교다, 온나 등
각지에 있는 휴게소에서는
지역별 농산물이나
가공품을 만날 수 있어요.
휴식도 취할 겸 선물을 찾아보러
들르는 것도 좋을 듯

키노 스토어 kino store
(과자 p88)

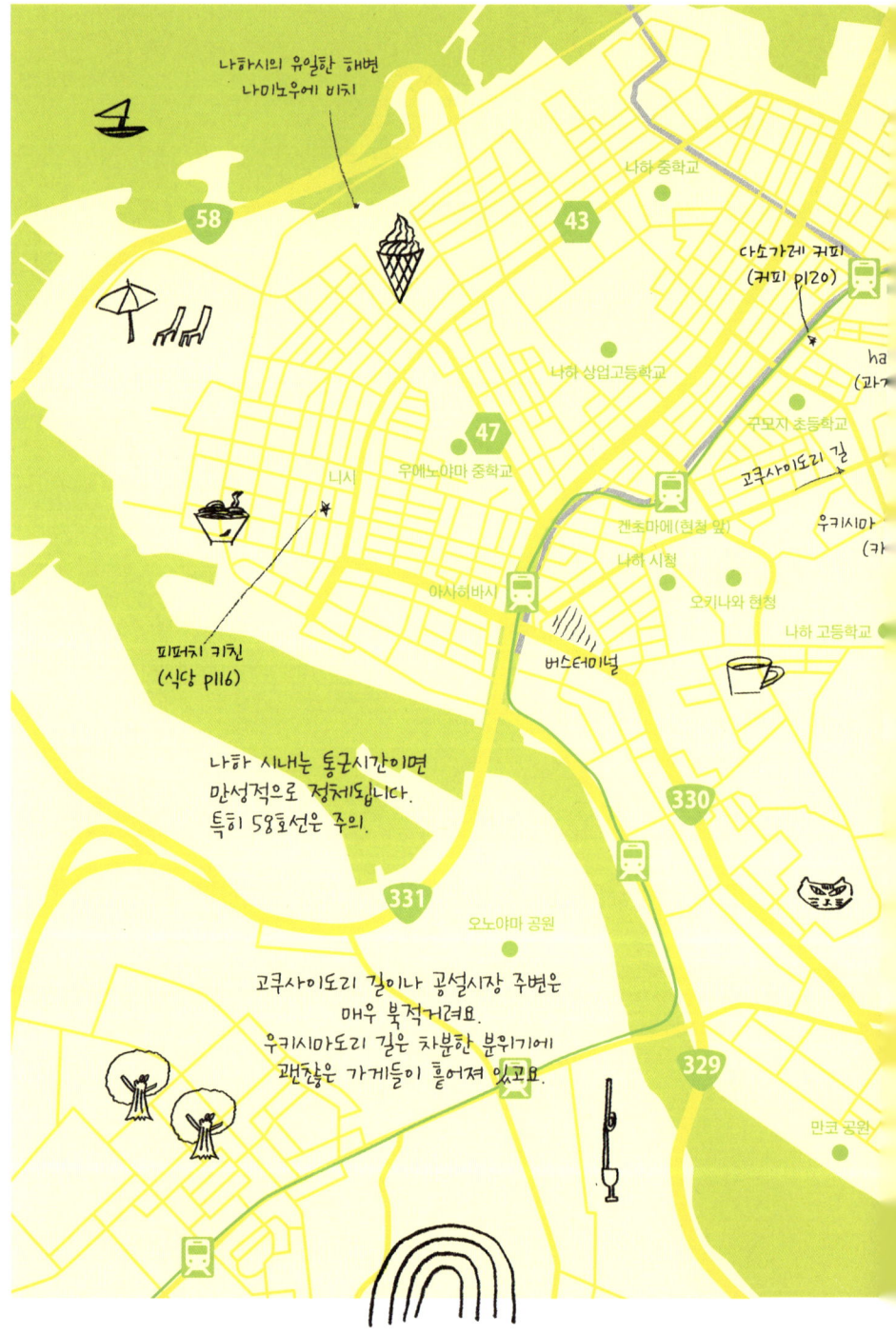

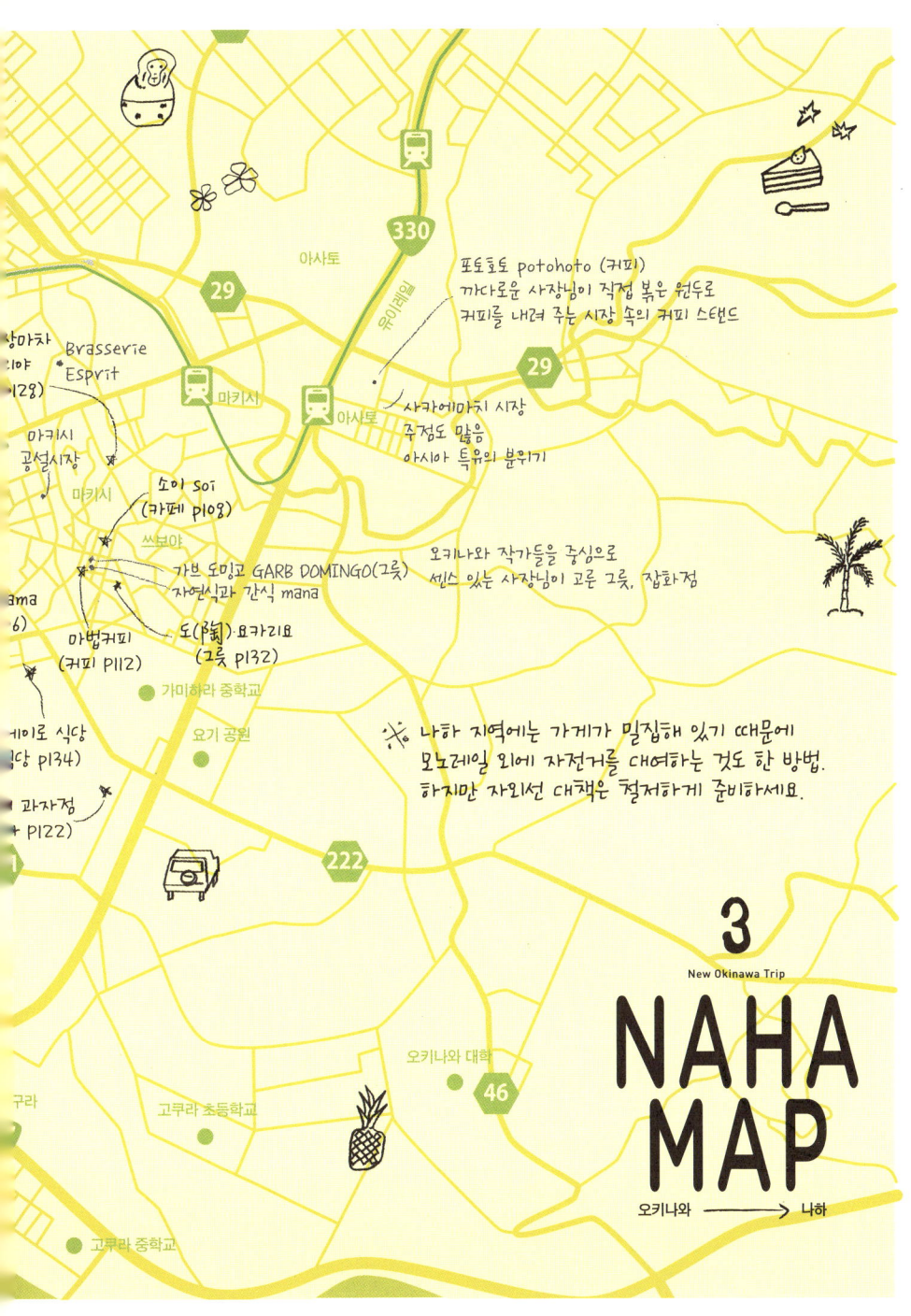

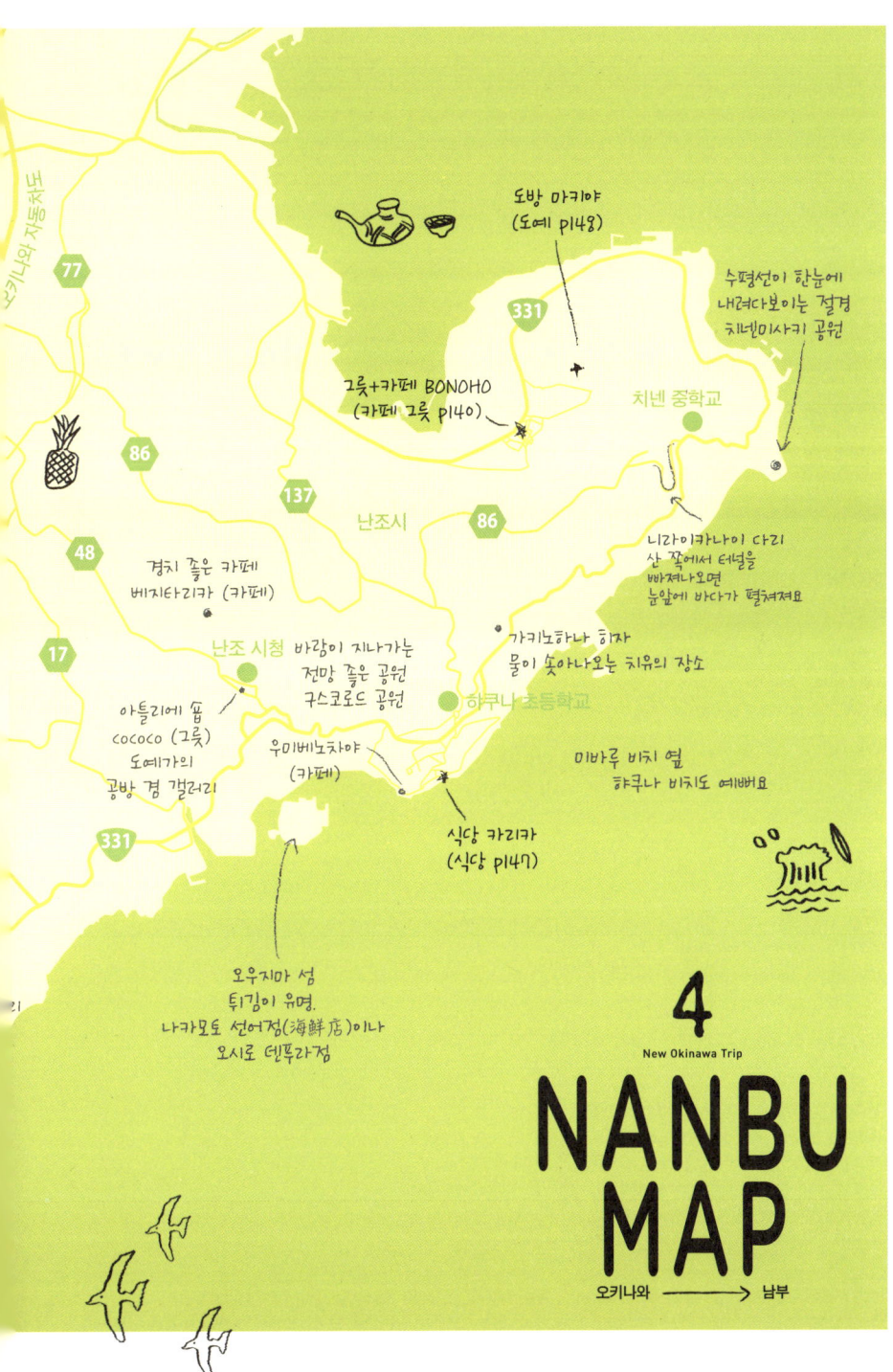

새로운
오키나와 여행

2014년 5월 20일 초판 1쇄 펴냄
2018년 6월 30일 개정 1판 1쇄 펴냄

지은이 세소코 마사유키
옮긴이 김소연, 박성희
공동기획 인페인터글로벌
발행인 김산환
책임편집 윤소영, 유효주
영업 마케팅 정용범
디자인 렐리시, 윤지영
인쇄 두성 P&L
종이 월드페이퍼

주소 경기도 파주시 경의로 1100, 604호
전화 070-7535-9416
팩스 031-947-1530
홈페이지 www.dreammap.co.kr
출판등록 2009년 10월 12일 제82호

ISBN 979-11-87496-84-7-13980

SHINBAN ATARASHII OKINAWA RYOKÔ
Copyright©2017 by Masayuki SESOKO
First published in Japan in 2013 by WAVE Publishers Co., Ltd.
Korean translation rights arranged with WAVE Publishers Co., Ltd.
Through Shinwon Agency Co.
Korean edition copyright©2018 by Dreammap.

이 책의 한국어판 저작권은 Shinwon Agency를 통해 WAVE PUBLISHERS CO.,LTD와의 독점계약으로
도서출판 꿈의지도에 있습니다. 저작권법에 의해 한국 내에서 보호를 받는 저작물이므로 무단전재와 복제를 금합니다.